Zu diesem Buch

Nach der Niederlage Frankreichs im Juni 1940 gerät Jean-Paul Sartre, damals 35 Jahre alt, für ein knappes Jahr in deutsche Kriegsgefangenschaft. Anschließend geht er nach Paris zurück und nimmt seine Tätigkeit als Gymnasiallehrer wieder auf, zuletzt, zwischen 1942 und 1944, am Lycée Condorcet. Während dieser Besatzungsjahre, die für Sartre Jahre großer schriftstellerischer Produktivität sind – so erscheint unter anderem 1943 *Das Sein und das Nichts* –, arbeitet er in der französischen Widerstandsbewegung mit. Sie wird nicht nur zur Herausforderung an sein geschärftes politisches Bewußtsein, sondern zugleich zur Bewährung seines existentialistischen Freiheitsbegriffs und Freiheitspathos: «Niemals waren wir freier als unter der deutschen Besatzung», schreibt er 1944 in «Die Republik des Schweigens». «Gerade die Grausamkeit des Feindes trieb uns an die äußersten Grenzen unseres Menschseins... So stellte sich die eigentliche Frage der Freiheit, und wir standen am Rande der tiefsten Kenntnis, die der Mensch von sich haben kann.»

Die sechs Texte dieses Bandes – Artikel, Reportagen und Aufsätze – hat Sartre 1944 und 1945 veröffentlicht; bis auf zwei sind sie noch nicht in deutscher Übersetzung erschienen. Er analysiert darin mit ebensoviel Scharfsinn wie Weitblick die Phänomene Widerstand und Kollaboration und macht (so in «Das Ende des Krieges») eindringlich klar, welche Chance das Ende des Zweiten Weltkriegs für Europa, für die Welt bedeutet – eine Chance, die freilich durch den Abwurf der ersten Atombombe sogleich wieder gefährdet worden ist.

Jean-Paul Sartre wurde am 21. Juni 1905 in Paris geboren. Mit seinem 1943 erschienenen philosophischen Hauptwerk *Das Sein und das Nichts* wurde er zum wichtigsten Vertreter des Existentialismus und zu einem der einflußreichsten Denker der ersten Hälfte des 20. Jahrhunderts. Darüber hinaus machten ihn seine Theaterstücke, Romane, Erzählungen und Essays weltbekannt. Durch sein bedingungsloses humanitäres Engagement, besonders im französischen Algerien-Krieg und im amerikanischen Vietnam-Krieg, wurde er zu einer Art Weltgewissen. 1964 lehnte er die Annahme des Nobelpreises für Literatur ab. Er starb am 15. April 1980 in Paris.

Jean-Paul Sartre

Gesammelte Werke in Einzelausgaben

In Zusammenarbeit mit dem Autor
und Arlette El Kaim-Sartre
herausgegeben von Traugott König

Politische Schriften
Band I

Romane und Erzählungen
Theaterstücke und Drehbücher
Philosophische Schriften
Schriften zur Literatur
Schriften zu Theater und Film
Schriften zur bildenden Kunst und Musik
Politische Schriften
Autobiographische Schriften
Reisen
Tagebücher
Briefe

Jean-Paul Sartre

Paris unter der Besatzung

Artikel, Reportagen, Aufsätze
1944–1945

Herausgegeben, übersetzt
und mit einem Nachwort
von Hanns Grössel

rororo
Rowohlt

Bibliographische Hinweise
zu den in diesem Band enthaltenen Texten
siehe Seite 83 f
Umschlagentwurf Werner Rebhuhn

19.–20. Tausend März 1997

Deutsche Erstausgabe
Veröffentlicht im Rowohlt Taschenbuch Verlag GmbH,
Reinbek bei Hamburg, Juni 1980

Weitere Angaben siehe Seite 83 f
Satz Aldus (Linotron 404)
Gesamtherstellung Clausen & Bosse, Leck
Printed in Germany
790-ISBN 3 499 14593 6

Inhalt

Ein Spaziergänger im aufständischen Paris

I Der Aufstand

Dienstag, 22. August

Ich erzähle, was ich gesehen habe.[1] Was jeder Spaziergänger wie ich hat sehen können. Ich will heute von den Zivilisten sprechen.

Wie ein Fest fängt es an, und noch heute wahrt der boulevard Saint-Germain, menschenleer und in Abständen vom Feuer der Maschinengewehre bestrichen, einen Hauch tragischer Feierlichkeit.

Unwillkürlich denkt man an frühere Sonntage, jene Friedenssonntage, wo sich die Menge auf Jahrmärkten, bei Sportveranstaltungen drängte und sich plötzlich ein Unfall ereignet hatte. Dann bewegte ein Wirbel die hellen Kleider; die vor Angst erblaßten und gleichwohl noch unbestimmt fröhlichen Gesichter beugten sich im Sonnenschein über einen blutigen Leichnam. Ein Fest: drei rote Sonntage hintereinander. Gestern noch hätte der Spaziergänger, der an der porte d'Orléans nach Paris hineingekommen wäre und die Außenboulevards, die Straßen oder die Avenuen des vierzehnten Arrondissements durchstreift hätte, oder derjenige, der, von der Börse kommend, die rue Montorgueil hinuntergegangen wäre, bei ihrem Anblick gestutzt.

Die Straße, dieser Schauplatz ...

Zwischen den Geschäften, die durch herabgelassene Rolladen hermetisch geschlossen sind, an den Türschwellen stehen die Leute in kleinen Gruppen zusammen. Manchmal umringen sie eine Schwarzmarkthändlerin, dann wieder setzen sie sich vor ein geschlossenes Café, wo sie zum zwanzigstenmal die Anschläge der Résistance wieder und wieder durchlesen. Sie sprechen wenig. Am ersten Tag hörte man noch hie und da das schrille Geschrei der alten Frauen. «Im Polizeikommissariat haben sie das Foto des Marschalls Pétain zerrissen. Ich hab's mit meinen eigenen Augen gese-

1 Ein Teil der Ereignisse, die Sartre in dieser Reportage berichtet, wird auch im zweiten Band von Simone de Beauvoirs Erinnerungen wiedergegeben: *In den besten Jahren*, Rowohlt Verlag, Reinbek 1961, S. 505–510. Die Zwischenüberschriften stammen von *Combat*. (Anm. d. Hg.)

hen. Wo bleibt da die Ehrfurcht, die seinem Alter gebührt, Madame?»

Aber bei den ersten Schüssen haben sie sich in ihre Wohnungen verzogen. Die Menge ist schweigsam und dicht; von den gespannten Gesichtern ist eine Mischung aus Angst, Erwartung und Freude abzulesen. Viele verspüren das Erhabene an dieser Stunde so tief, daß sie instinktiv ihre schönsten Sachen angezogen haben.

Und reglos bleiben sie auf der Straße, die wie 1789, wie 1848 wieder zum Schauplatz der großen Gemeinschaftsbewegungen und des gesellschaftlichen Lebens geworden ist.

Es schießt

Nicht an allen Stellen ist der Aufstand sichtbar: in der rue de la Gaîté sitzt ein blinder Ziehharmonikaspieler auf einem Klappstuhl und spielt «La Traviata»: die Leute drängen sich in einem halboffenen Bistro und trinken rasch einen Schluck Wein. An den Seineufern baden Männer und Frauen oder lassen sich im Badeanzug von der Sonne bräunen. Doch die Schlacht ist überall gegenwärtig.

Im ruhigsten Stadtviertel hört man alle zwei oder drei Minuten das trockene Aufschlagen eines Kiesels gegen Stein: das ist eine Gewehrkugel. Oder aber plötzlich – man weiß nicht, woher – den Feuerstoß eines Maschinengewehrs. Diese Geräusche sind unerklärlich: Deutsche sind nicht in der Nähe, die *Forces Françaises de l'Intérieur* sind weit weg.

Niemand sucht nach dem Schlüssel des Geheimnisses; die Leute blicken einander an, sie sagen mit ernstem Gesicht: «Es schießt ...» Das ist alles.

Ein andermal sieht man einen winzigen Blitzschein im Laub der Bäume, hört ein sonderbares Herabkullern von Zweig zu Zweig: das ist eine verirrte Kugel, die herunterfällt. Oder aber der Boden erbebt leicht, und deutsche Lastwagen fahren vorüber, starrend von Gewehren.

Unter der Plane sieht man Männer mit scharfen Zügen, mit Augen, die von Erschöpfung und Angst geweitet sind, bereit, die Menge mit Maschinengewehren zu beschießen. Wohin fahren sie? Keiner weiß es. Ein Weilchen blickt man ihnen nach; die einen sagen: «Die kommen von der Front zurück. Sie fliehen.» Und die anderen: «Sie werden die Präfektur angreifen.» Und dann schweigen sie und blicken in die Ferne auf schwarze Rauchsäulen, die zum Himmel steigen. Brennende Autowerkstätten? Brennende Häuser? Keiner weiß es. Nichts weiß man. Jemand seufzt: «Ob die

Amerikaner bald kommen?» Und eine Stimme antwortet ihm: «Wir können Paris selber befreien.»

Verbissenheit

Plötzlich laufen am Ende der Straße Menschen über die Fahrbahn, andere verstecken sich in den Häusern. Auf einen Schlag ist die ganze Straße menschenleer. Ein Panzer fährt vorüber, eine düstere gelbe Eisenmasse. Man weiß, daß «sie» auf die Menge geschossen haben, die sich am Sonntag morgen zur Messe nach Saint-Germain-des-Prés begab, daß «sie», ohne jeden provozierenden Anlaß, am carrefour Montparnasse alte Frauen verwundet haben. Die Panzer fahren über die leere Straße, sie verschwinden, aber einen Augenblick später haben sich die Gruppen wieder gebildet. Das ist vielleicht das verblüffendste: diese Zähigkeit, mit der das gesellschaftliche Leben wieder ersteht, mit der man sich überall, wie der Efeu an den Felsen, an die tragischsten Stunden klammert, mit der man mit seinen geduldigen Schritten die noch frischen Blutspuren bedeckt.

Auf dem boulevard Saint-Germain, an der Ecke zur rue de Seine, werden alle zwei Stunden Zivilisten getötet. Von meinem Fenster aus habe ich gesehen, wie die Deutschen in dichter Formation auf den Boulevard einbogen und den Gehsteig mit ihren Maschinengewehren bestrichen. Sobald sie verschwunden sind, tragen die Sanitäter die Leichen weg, und wie durch Zauberkraft ersteht die Menge wieder auf. Wir wollen sie nicht stumpfsinniger Verbissenheit zeihen; zum einen: man muß ja nun einmal essen, und viele Frauen müssen vor den Türen der Bäckereien Schlange stehen, und zum anderen: in diesem Augenblick von Trunkenheit und Freude haben alle das Bedürfnis, sich jeden Moment im Gemeinschaftsleben zu stählen.

Ein Lastwagen wie eine Krabbe ...

Wer möchte schon allein in seinem Zimmer bleiben, wenn Paris um seine Freiheit kämpft? Im übrigen ist die Gefahr unvorhersehbar. Um drei Uhr nachmittags ist sie hier, um vier Uhr ist sie dort. Warum soll man versuchen, sie zu meiden? In dieser Schicksalhaftigkeit liegt, wie ich finde, eine gewisse Größe. Sie verleiht Paris diese außergewöhnliche Physiognomie: man läuft hundert Meter auf einer belebten, fast fröhlichen Straße; an der Straßenbiegung wird man angehalten: Kampf, Kugelgeprassel, Tod. Als ich gestern aus der friedlichen rue Montorgueil wegging und bis zu den Hallen kam, herrschte dort fast die Einöde. Mitten auf der Fahrbahn lag ein riesiger umgestürzter Lastwagen, wie eine Krabbe auf dem Rücken.

Zwei Schritte von dort entfernt habe ich vor einer Notstation Krankentragen gesehen, die von frischem Blut befleckt waren, und durch die halboffene Tür das bleiche Gesicht einer Krankenschwester. Und Schweigen. «Etwas» war geschehen, aber es war schon vorbei. Übrig blieb diese Eisenmasse mitten auf der Straße, blieb dieses Blut; schon kamen rechts und links die Leute wieder hervor. Fünf Minuten später umstanden sie alle den umgestürzten Lastwagen.

Aufs Geratewohl schlug ich eine Straße ein. Auf dem Pont-Neuf wurde gekämpft. Auf dem pont des Arts, dem Brückensteg, war ein Schilderhaus aufgestellt worden; ein Mann mit Stahlhelm wiederholte unablässig: «Beeilung, Beeilung!» Aber plötzlich flutete die Menge zurück: auf dem anderen Seineufer erschien eine deutsche Streife in Kampfformation. Die unsichtbaren Résistancekämpfer fingen zu schießen an, die Streife erwiderte das Feuer. Die Zivilisten gingen ohne Übereilung zum Flußufer hinunter und warteten. Sie warteten geduldig, ohne Zorn, gerade nur mit einer Spur von Ängstlichkeit, so wie sie an der Tür der Bäckereien auf «das tägliche Brot», so wie sie auf das Eintreffen der Amerikaner warten.

Das Geschick von Paris

Wenige Augenblicke darauf traf hinter ihnen ein Wagen, dicht besetzt mit Deutschen, ein; die Soldaten bedeuteten ihnen wegzugehen, und als sie sich ziemlich langsam, wie gegen ihren Willen, in Bewegung setzten, bedrohten sie sie mit ihren Maschinenpistolen. Da fing die Menge, halb belustigt, halb angstvoll, schwerfällig zu laufen an. Sie erreichte den pont du Carrousel und verlangsamte ihr Tempo. Links der Pont-Neuf, auf dem gekämpft wurde, der menschenleere Brückensteg des pont des Arts. Rechts ein Niemandsland: die verriegelten, mit Stacheldrahtverhauen umgebenen Tuileriengärten – in weiter Ferne die grüne Silhouette eines Deutschen. So etwas wie tragische Ewigkeit lastete auf all diesen Steinen, ein bleiernes Geschick drückte plötzlich diese Menge zu Boden.

Auf allen vieren

Kaum hatte sie sich auf die Brücke begeben, als in der Höhe des pont des Arts Schüsse knallten. Frauen, junge Leute, alte Männer setzten, fast aus Prinzip, leicht gebückt ihren Weg fort. Kurz darauf prallten vom Bogen der Brücke Kugeln ab. Da legten sie leicht lachend den restlichen Weg über die Brücke auf allen vieren zurück. Noch eine Straße zu überqueren, und sie flüchteten sich in die rue des Saints-Pères. Sie waren der Schlacht näher als je zuvor, in fünfzig Metern Entfernung wurde geschossen, und doch waren das Geschick, der Tod verschwunden. Die Biegung, die Ecke einer Straße genügten, und plötzlich fand man die Ruhe wieder, die Leute in Hemdsärmeln auf der Türschwelle, ein paar offene Geschäfte und den tragischen großen Müßiggang von Tagen des Aufruhrs.

II Geburt eines Aufstands

Samstag morgen

Es gibt eine Geographie des Aufstands: in bestimmten Stadtvierteln tobt die Schlacht, ohne nachzulassen, seit vier Tagen; in anderen hält sich die Ruhe mit so etwas wie geradezu besorgniserregender Starre (am Montparnasse, im vierzehnten, im fünfzehnten Arrondissement).

Aber die Karte des kämpfenden Paris zu zeichnen wäre schwierig: an vielen Stellen hat sich die Schlacht zunächst wie eine Überschwemmung ausgebreitet, hat sich dann zurückgezogen und die Straßen trocken, menschenleer und still zurückgelassen, mit ein paar Straßensperren und Kadavern von Lastwagen, während andere Stadtviertel langsam vom Frieden zum Krieg übergingen. Ein solches will ich Ihnen heute beschreiben. Ich möchte Ihnen die Geburt des aufständischen Geistes zeigen.

Das Stadtviertel, das sich zwischen der Seine, der rue Dauphine, dem boulevard Saint-Germain und der rue Bonaparte erstreckt, ist völlig ruhig. Die rue de Seine und die rue de Buci wimmeln von Hausfrauen auf der Suche nach Lebensmitteln und von Bummlern auf der Suche nach Neuigkeiten. Lachend geht man aufeinander zu, sagt sich: «Heute nacht sind sie alle abgezogen.» So etwas wie Trägheit lastet noch auf dieser Menge, sie wünscht, daß Paris ohne Blutvergießen geräumt wird, sie wartet auf die Alliierten wie auf ein Geschenk. Ein paar Leute dringen bis zum boulevard Saint-Germain vor und kommen enttäuscht zurück: die Hakenkreuzfahne weht noch auf dem Senat: «sie» sind noch da.

Doch kann es sich nur um eine leichte Verzögerung handeln;

noch ein paar Stunden Geduld, und so mancher schickt sich an, Paris zu durchqueren und an den Toren der Stadt auf die Alliierten zu warten. Radfahrer, die von der place de la Concorde kommen, bringen die ersten Nachrichten vom Aufstand mit.

Gegen Mittag sind sie noch verworren: «Da drüben ist alles gesperrt; wir sind durch kleine Straßen umgeleitet worden; auf der esplanade des Invalides wird geschossen.» Die Frauen, die vor der Bäckerei in der rue de Buci Schlange stehen, umringen die Radfahrer: «Wer schießt?» – «Die Deutschen.» – «Auf wen schießen sie?» Die Antwort ist unverändert gleich: «Das wissen wir nicht.» Kurz darauf kommt eine deutsche Streife, die Waffe in der Hand, langsamen Schrittes aus dem Senat, biegt in den boulevard Saint-Germain ein und entfernt sich in Richtung Abgeordnetenkammer.

Man blickt den dunkelgrünen Uniformen unter den hellgrünen Bäumen nach, vor ihnen leert sich der boulevard Saint-Germain. Mit der Mittagshitze lastet bereits etwas Düsteres auf der morgendlichen Fröhlichkeit. Der riesige schwarze Senat ganz am Ende der leeren Straße wirkt giftig mit dieser unerträglichen Fahne, die man wider Willen ansieht. Aber trotz allem kann man schwer glauben, daß die Kugeln näher als in einer Entfernung von einem Kilometer pfeifen.

Gegen drei Uhr ein erster Hagel. Am carrefour de l'Odéon hat der Kampf begonnen. Angehörige der *Forces Françaises de l'Intérieur* haben gerade einen kleinen deutschen Lastwagen erobert. Aber den Einwohnern des Viertels sind die Gesichter ihrer Verteidiger noch unbekannt. Die Streitkräfte der Résistance sind fast ein Mythos: man glaubt an sie mit allen Kräften, aber man kennt sie nicht. Handelt es sich um ein paar Vorgefechte an einzelnen Stellen, wie einige noch hoffen, oder wird der Aufstand sich allgemein ausbreiten? Die Conciergen stecken die Nase zu ihrer Tür heraus, die Leute, die in ihrem Eßzimmer vor den Überresten ihrer mageren Mahlzeit träumten, gehen in Hemdsärmeln auf die Straße hinunter. Gruppen bilden sich. Man blickt zum Senat, man blickt zum carrefour de l'Odéon. An die zwanzig deutsche Soldaten kommen aus dem Senat heraus und marschieren die rue de Seine entlang. Die Menge sieht sie gelassen herankommen.

Aber kaum sind sie auf dem boulevard Saint-Germain angekommen, da bestreichen sie plötzlich Fahrbahn und Gehsteig mit einer Maschinengewehrsalve, ohne auch nur hinzublicken, was sie anrichten. Aus Prinzip, könnte man sagen. Sie nennen das mit einem eleganten Ausdruck eine Säuberung. Die überraschte Menge hat keine Zeit gehabt, sich in Sicherheit zu bringen. Zwei Frauen fallen, ein alter Mann hat die Schulter durchschossen bekommen. Auf einen Schlag leert sich die ganze Straße: sie werden noch einmal schießen.

Solidarität

Nur ein älterer Mann, der nicht laufen kann, bleibt auf dem Boulevard zurück; die Deutschen zielen auf ihn. Er stürzt auf die Tür eines nahe gelegenen Hauses zu, klopft aus Leibeskräften, man braucht ihm nur aufzumachen. Die Tür bleibt geschlossen, die Deutschen schießen, und der Mann fällt, von fünf Kugeln im Rükken getroffen.

Die Deutschen sind jetzt weg, die Leute kommen vorsichtig heraus, werden dann kühner. Krankenträger haben die Leichen weggebracht. Vor dem Hause bleibt eine Blutpfütze zurück, wie eine Anschuldigung. Plötzlich geht die Tür auf, und ein feiger schlaffer Kopf erscheint. Es ist der Concierge, der sich geweigert hat, aufzumachen; tadelnd blickt er die Pfütze an, verschwindet, kommt dann mit Eimer und Schrubber wieder und macht sich, gleichgültig und pedantisch, daran, das Blut wegzuwischen, so als wäre es ein Ölfleck. Da bricht plötzlich die Wut der Menge aus. Es ist ihre erste gemeinschaftliche Äußerung, ist seit dem Morgen das erste Mal, daß sie sich ihrer selbst bewußt wird. Sie umringt den Concierge, sie richtet ihn übel zu: «Ja, jetzt wischst du das Blut weg, aber deinetwegen ist es geflossen.» Und der andere guckt bleich und stumpfsinnig. Seit vier Tagen bin ich durch ganz Paris gegangen, und es ist das einzige Mal, daß ich von den Augen eines Parisers Angst, echte Angst abgelesen habe. Diese Tatsache lohnt, festgehalten zu werden.

Geburt eines Aufstands

Dieses Ereignis hat genügt, die Leute zu verwandeln. Ihre gemütlichen kleinen Träume von friedlicher Räumung sind gestorben. Sie sind noch keine Kämpfenden, da sie weder Waffen noch Weisungen haben, aber schon sind sie nicht mehr nur Zivilisten. Sie haben Partei ergriffen. Sie bleiben an den Fenstern, auf der Straße, etwas blaß, hart, auf der Lauer. Mitten im Sonnenschein ist der Krieg da. Aber das Vorgefecht ist zu Ende gegangen, es wird Abend; man hört nur das trockene Knattern, das von den Seinequais kommt, die großen fernen dumpfen Schüsse, die auf der place de la Préfecture abgegeben werden, das silbrige Bimmeln der Krankenwagen, das an die Straßenbahnen vor dem Kriege erinnert, das einzige friedliche Geräusch dieser blutigen Tage.

III Zorn einer Stadt
Sonntag
Ruhige Nacht, ein schönes Gewitter setzte den Himmel in Brand. Viele haben in ihrem Bett auf das ferne Grollen des Donners gelauscht und gedacht: «Die Alliierten treffen in der Stadt ein.» Mit der Kühle des Morgens keimt wieder zaghafte Hoffnung auf. Man steht auf, man blickt zum Senat hinüber. Sind «sie» noch da? Ein kurzer Augenblick der Freude: die Fahne weht nicht mehr. Aber die Enttäuschung stellt sich rasch ein. Die Deutschen haben das Tuch um die Fahnenstange gewickelt – vielleicht aus Angst davor, herausfordernd zu wirken. Aber die Fahne ist noch immer da.

Und die Boches auch. Die rue de Seine wirkt länger als sonst. Zum Ende der Straße hin sieht man große querstehende weiße Holzsperren, dann, vor dem Senat, dessen Tür weit offen steht, ein leeres Schilderhaus.

Mittags. – Die Hitze ist drückend. Etwas in der Atmosphäre hat sich verhärtet. Erste Schüsse: der Kampf setzt wieder ein; wie gestern ist die Menge an den Fenstern, auf der Straße – nervös und hoffnungsvoll, aber tiefe Angst trübt ihre Freude: «Sie» waren, vor acht Tagen noch, so stark, daß sie innerhalb einer Stunde den Aufstand in Blut hätten ertränken können. Wird man nicht plötzlich Panzer und Schützenpanzer zu Dutzenden auftauchen sehen? Schon geht das Gerücht, das Rathaus stünde in Flammen, «sie» hätten die Präfektur wieder eingenommen. Und allen ist die Erinnerung an Oradour gegenwärtig.

Und dann sickern langsam die Nachrichten durch. Die deutschen Wagen stehen unten am Seinequai, in einer tödlichen Falle gefangen; die wenigen mit Soldaten besetzten Kleinlastwagen, die den boulevard Raspail entlanggefahren sind, schienen zu fliehen; die Deutschen, die unter der Plane lagen – fahl, das Maschinengewehr im Anschlag –, schienen verstört vor Angst und Erschöpfung. Einer ruft die Polizeipräfektur an: «Hallo, wie steht's da drüben? Ein Pariser hätte gerne Auskunft.» Eine feste Stimme antwortet: «Wir halten die Stellung.» – «Es hieß, sie hätten die Präfektur wieder eingenommen?» Schallendes Gelächter am Ende der Leitung.

Es stimmt also: «sie» waren nicht so stark, der Kampf wird hart, aber er ist nicht sinnlos. Gewehre erscheinen. Im Café «Méphisto» gibt ein Neger, trunken vor Freude, lachend Revolverschüsse ab. Auf wen? Auf was? Vielleicht weiß er es selber nicht. Ein deutscher Wagen fährt vorbei. Er schießt. Die Kugeln treffen ihn nicht, der Wagen setzt seinen Weg fort. Alle Köpfe sind an den Fenstern. Am carrefour de l'Odéon knallen Gewehrschüsse. Die Hälse drehen sich, die Leute beugen sich vor, um besser zu sehen. Plötzlich steht der Wagen still. Mit erhobenen Händen kommen zwei Deutsche heraus. Und plötzlich prasselt an allen Fenstern, wie auf Theaterlogen, Händeklatschen los. Auf dem Dach des Hotels nagelt ein kniender Mann – Nägel im Mund, einen Hammer in der Hand – mit entschlossener und friedlicher Miene eine Fahne fest.

Zwei Uhr. – Eine laute Massenstimme, ein lautes Lachen prasselt von Fenster zu Fenster los, dazu Händeklatschen; Feststimmung herrscht. Die *Forces Françaises de l'Intérieur* sind gerade auf eine Gruppe Darnandscher Milizionäre aufmerksam gemacht worden, die versuchten, von einem Hotel in der rue de Buci aus auf die Straße hinunterzuschießen. Die *Forces Françaises de l'Intérieur* dringen in das Hotel ein und kommen bald mit einem Dutzend gelber Männchen mit besorgter und verschlossener Miene zurück: *Japaner,* welche die Hände heben. Das also sind die Männer, aus denen die «ganz französische» Vichy-Miliz sich zusammensetzte. Plötzlich wird das Gelächter homerisch: Leute haben sich ein paar dieser Mörder gegriffen. Sie haben ihnen die Hosen heruntergelassen und energisch den Hintern versohlt. Jetzt besteigen sie den Gefängniswagen, der gerade eingetroffen ist, die Hosen um die Absätze, in kleinen Sprüngen wie beim Sackhüpfen. An den Fenstern Gelächter, Blumen, einige Fahnen schon, Frauengesichter. Ich blikke diese wehrlose Menge an, und meinerseits überkommt mich so etwas wie Angst: sie sieht so gebrechlich aus, sie ist glücklich, sie lacht mit so etwas wie Arglosigkeit. Und dennoch weiß ich, daß es morgen, daß es übermorgen unter diesen Männern, sogar unter diesen Frauen weitere Opfer geben wird.

Freiheit nimmt man sich

Gegen vier Uhr hält vor der rue de Seine ein Radfahrer an. Er verkündet den Waffenstillstand. Dann fahren zwei Autos vorüber, das eine mit einem Lautsprecher, der die Nachricht mit seiner quäkenden Stimme bestätigt, das andere mit einem französischen Polizisten, der inmitten entwaffneter Deutscher steht. Gruppen bilden sich, die fassungslos die Nachricht kommentieren. Ich trete näher und höre ihnen zu. «Wenn die Deutschen so schwach sind», sagt ein Mann in Hemdsärmeln, «warum soll man ihnen dann den Waffenstillstand zugestehen?» Eine alte Frau erwidert: «So wird Blutvergießen vermieden.» «Und wenn es eine List der Deutschen wäre, mit der sie Zeit gewinnen wollen?» – «Aber die Zeit arbeitet auch für uns.» – «Wir haben nicht viel Munition», sagt ein junger Mann; «wir müssen sie den Deutschen wegnehmen, aber habt keine Angst, es wird uns nicht daran fehlen.» – «Und was können wir noch tun», fragt ein alter Mann, «wenn sie den Waffenstillstand unterzeichnet haben? Wir müssen die Arme verschränken; Freiheit wird nicht geschenkt, Freiheit nimmt man sich.» Hie und da blitzt ein Lächeln auf. Frauen, die nicht aus dem Hause zu gehen gewagt hatten, trauen sich auf den Boulevard hinaus und blicken mit erleichterter Miene zur place Saint-Germain. Im selben Augenblick gehen von einem Fenster Schüsse los; eine Frau wird getroffen – Leberdurchschuß –, eine andere stützt sich an einen Baum, und ihr Blut fließt auf den Stamm. Angehörige der *Forces Françaises de l'Intérieur* kommen herbei, aber die Fenster sind leer. Wie soll man dasjenige erkennen, von dem aus geschossen wird? So wird jedes Stadtviertel seinen Geistermilizionär haben. Einer soll auf dem Dach des Hauses rue de l'Abbaye 13 sein. Sicherlich ist das ein Irrtum, oder der Mann ist seit langem geflohen. Aber jedesmal, wenn ein vereinzelter Schuß knallt, sagen die Leute aus dem sechsten Arrondissement: «Das ist der Japaner auf dem Dach.»

Das Schießen hat aufgehört, an allen Fenstern hängen Fahnen. Um fünf Uhr dringe ich auf dem Fahrrad bis zur Abgeordnetenkammer vor. Die Straßensperren am Ende des boulevard Saint-Germain sind beseitigt, aber zwanzig Deutsche rücken mit dem Gewehr in der Faust an. Ein Offizier hält die Passanten an, bedroht sie mit seinem Revolver, zwingt sie, die Hände zu heben, und durchsucht sie. Auf dem Gehsteig liegt ein Mann im Sterben, sein Hemd ist rot von Blut, die Hälfte seines Gesichts ist weggerissen: IHR WAFFENSTILLSTAND. Ich fahre bis zur place de l'Alma. Alles ist ruhig, aber aus der Richtung Étoile sind schwere Explosionen zu hören. Gegen acht Uhr, als ich nach Hause komme, sind die Fahnen verschwunden. Deutsche sind vorbeigekommen und haben auf alle beflaggten Fenster geschossen. Die Straße hat ein unbestimmt düsteres Aussehen angenommen, die Leute kommentieren die Ereignisse ohne Fröhlichkeit, fast leise. Soll man Waffenstillstand wahren? Gerüchte kommen in Umlauf: die Wehrmacht hält sich an die Feuereinstellung, die SS weigert sich. Eine alte Frau kommt vorbei, scheu, müde und vornehm; sie schiebt ein Fahrrad vor sich her. Sie geht von Gruppe zu Gruppe und flüstert: «Sie kündigen eine heftige Beschießung von Paris an, falls ein einziger Schuß abgegeben wird. Heute nacht weitersagen!» Sie geht weg, mager und müde, und hinterläßt überall so etwas wie angstvolle Entmutigung. Meint sie es ernst? Gehört sie zur fünften Kolonne? Man weiß es nicht, man blickt einander an, als sie weg ist; man sagt: «Blödsinn!», zuckt die Achseln, und doch bleibt ein kleiner Stachel. Und ohne recht zu wissen, was man tun soll, bleibt man da, ganz einfach, weil die Straße auf unerklärliche Weise anziehend bleibt und weil es einem widersteht, sich in die schwarzen lauwarmen Löcher – die Zimmer – zu vergraben.

Und dann plötzlich ein lauter Schrei: «Licht! . . .» Eines der großen Fenster im Hôtel Louis XV hat sich erhellt. Alles stürzt davon: auf einen Schlag leert sich die ganze Straße, so als wäre sie gerade mit der Maschinenpistole bestrichen worden: alle wollen den englischen Rundfunk hören. Es ist dunkel geworden. Die Fenster leuchten, an Verdunkelung denkt niemand. Nur noch ferne Explosionen sind zu hören und das Knacken, das unbestimmte laute Röcheln, die unmenschlichen Stimmen des Rundfunks.

Montag

Mit Feststimmung im Herzen wacht man auf, jedermann ist davon überzeugt, daß sie abgezogen sind. Ohne sich auch nur gewaschen zu haben, gehen die Menschen hin und werfen einen kurzen Blick auf den Senat. Wie einen, wie zwei Tage davor kehren sie wieder enttäuscht nach Hause zurück: die Fahne ist noch immer da. Und die ewige Frage steigt ihnen wieder auf die Lippen: «Aber warum ziehen sie denn nicht ab, wo sie doch geschlagen sind?» Nur ist der Ton nicht mehr derselbe. All diese Menschen sind es leid, passiv darauf zu warten, daß die Deutschen endlich abziehen. Den ganzen Vormittag weht der Zorn über die Stadt. Endlich hat diese Menge beschlossen, ihr Geschick in die eigenen Hände zu nehmen. Gegen elf Uhr sieht man die ersten Barrikaden auftauchen. Der Weg, der von der schmerzerfüllten Gefügigkeit bis zum Aufstand führt, ist endlich zurückgelegt. Von diesem Augenblick an wird es nur noch Kämpfende geben. Morgen werde ich von den Kämpfen sprechen, die ich gesehen habe.

IV Die ganze Stadt schießt

Heute will ich zu Ihnen von den Kämpfen sprechen, wie ich sie selber am quai des Grands-Augustins gesehen habe, und werde dabei meine Mitteilungen durch das Zeugnis glaubwürdiger Freunde ergänzen.[1] Anderswo hat die Schlacht möglicherweise ein anderes Aussehen, hat sie eine größere Ausdehnung gehabt. Aber auf dem schmalen Geländestreifen, der im Osten durch die place Saint-Michel, im Westen durch die rue Dauphine begrenzt wird, verläuft sie mit Präzision und Klarheit.

Die ersten Vorgefechte haben am Samstag gegen drei Uhr stattgefunden. Seit dem Vorabend fuhren Autos, Lastwagen, Panzer unablässig über die Quais. Um drei Uhr überquerten in kleinen Gruppen Männer in Hemdsärmeln mit ausdrucksloser Miene die Fahrbahn und setzten sich an den Quaimauern fest. Wenig Waffen: ein paar Gewehre, eine oder zwei Handgranaten, Revolver, keine Munition. Die Devise ist bekannt: einen Deutschen niederschlagen und ihm seinen Revolver wegnehmen, ein Gewehr erobern, mit dem Gewehr einen Wagen in seinen Besitz bringen, mit dem Wagen einen Schützenpanzer und einen Panzer nehmen. So mancher unter den Ungläubigen der Résistance hat darüber gelächelt. Und doch hat sich dieses Programm vor meinen Augen Punkt für Punkt verwirklicht. Einer meiner Freunde hat mit einer bei einem Antiquar beschlagnahmten Muskete gekämpft. Und er hat sie nicht einmal lange behalten. Nach einer halben Stunde riß ein waffenloser Angehöriger der *Forces Françaises de l'Intérieur* sie ihm aus den Händen: «Gib sie mir, ich kann besser schießen als du.»

Ein Museumsstück

Ein anderer, ein ehrenwerter Museumskonservator, wollte kämpfen. Ohne Waffe ging er auf die Straße hinunter, und die Leute von den *Forces Françaises de l'Intérieur* sagten zu ihm: «Stell dich da hin, und wenn wir einen Lastwagen umlegen, dann stürz dich hinein und nimm ein Gewehr.» Er wartete drei Stunden, aber keinerlei Lastwagen kam vorbei. Angewidert ging er in sein Museum, schlug einen Schaukasten ein und stahl – der erste Diebstahl seines Lebens – ein prächtiges Mausergewehr, das zwischen einem Totschläger, einem Bumerang und einem malaiischen Kris thronte. Ganz stolz kam er wieder: «Da ist das Gewehr, jetzt gebt mir die

1 Vgl. Anmerkung S. 9 (Anm. d. Hg.)

Kugeln!» Die Leute von den *Forces Françaises de l'Intérieur* lachten: «Kugeln haben wir keine. Aber weil du etwas bringst, hast du hier einen Revolver. Sieh zu, wie du damit klarkommst.» Doch bei den Deutschen ist Munition da, man braucht sie sich nur zu nehmen.

Der Stierkampf

Sie haben sie sich genommen. Sie waren versteckt an den Quaimauern oder an der place Saint-Michel auf der Treppe, die zur Ringbahn hinunterführt. An den Fenstern warteten schweigend Hunderte von Zuschauern. Und dann fuhr ein erster deutscher Lastwagen in östlicher Richtung vorbei. Blonde, recht gut aussehende große Männer standen arglos hinten. Die Pariser, die sich über ihre Balkons beugten, wußten, daß sie nur eine Handbewegung zu machen, nur einen Ruf auszustoßen brauchten, um diese Männer vor dem Tode zu retten. Aber diesen Ruf WOLLTEN sie, KONNTEN sie nicht ausstoßen. Sie ließen den Lastwagen seinem Geschick entgegenrollen, mit dem dunklen Gefühl, einem tragischen und tödlichen Fest beizuwohnen, einem Stierkampf. Auch bei Stierkämpfen wartet man, über die Arena gebeugt, auf den unausweichlichen Tod im Sonnenschein, den «Tod am Nachmittag». Ein paar Explosionen waren zu hören, Bremsen, die entsetzlich kreischten, und dann fuhr der Lastwagen mit irrsinniger Geschwindigkeit wieder weg, der Fahrer hatte eine Kehrtwendung gemacht. Aber hinter ihm lagen die großen blonden Preußen quer durcheinander, er fuhr Tote zu einem anderen Pariser Stadttor.

Der Anschlag war verfehlt: die Munition entwischte. Aber bald kündigten die Späher weitere Wagen an. Überall waren die Späher: auf dem Dach, an den Fenstern oder mit dem Fahrrad auf der Straße. Von weitem waren ihre lauten Stimmen zu hören, die in der leeren Straße auf seltsame Weise widerhallten: «Ihr könnt euch ranmachen, Jungs. Ein Boche.»

Einen Augenblick Schweigen, dann das ferne Geräusch des Motors: jeder hält den Atem an, und dann taucht der Lastwagen auf, wie der Stier, der aus dem Toril herauskommt. Die Résistanceleute zielen diesmal auf die Reifen. Der Lastwagen wird getroffen, er bleibt stehen.

Die Deutschen fangen zu schießen an; die Leute von den *Forces Françaises de l'Intérieur* rücken ohne Deckung vor und schießen ebenfalls. Ein Deutscher wirft eine Handgranate, die nicht explodiert, ein FFI-Mann läuft unter dem Feuer hindurch, packt auf die

Gefahr hin, mit ihr hochzugehen, die Handgranate und wirft sie in die Seine. Maschinengewehrsalve. Die Zuschauer kehren vorsorglich in die Zimmer zurück: schon pfeifen ihnen die Kugeln um die Ohren. Nach fünf Minuten: Stille. Die Köpfe tauchen wieder an den Fenstern auf, dann ein ungeheures Rufen: die Deutschen sind alle tot.

Rückeroberung

An der Ecke um die rue Dauphine und die rue des Grands-Augustins stürzt aus allen Türen eine ganze Schar von Frauen und Kindern auf den reglosen Wagen. Aber die FFI-Leute halten sie zurück, verbieten ihnen das Plündern. Sie selber nehmen nur die Munition. Aber der Anschlag ist ergiebig: Handgranaten sind da, Gewehre, Maschinengewehre. Dann setzt sich einer ans Lenkrad, die anderen schieben den Wagen an die Quaimauer; innerhalb weniger Augenblicke ist jede Spur der Schlacht verschwunden, die Résistanceleute sind auf ihrem Posten versteckt, die Falle ist funktionsbereit. Die Kämpfenden, besser bewaffnet, freuen sich. Auf den Dächern des Justizpalastes sind welche, an den Quaimauern, an den Straßenecken. Andere sind höflich bei der Concierge eines Wohnhauses vorstellig geworden und haben darum gebeten, sich in einer leeren Wohnung einrichten zu können. «Gehen Sie in die Nummer 58», sagt die Concierge. «Die Räume sind nicht belegt.»

Ganz allein gestorben

Unter uns steht ein Freiwilliger ganz allein mit einem Gewehr am Fenster. Die Wagen fahren vorbei. Es sind regelrechte Schlachten, die mit Maschinenpistolen, mit Handgranaten ausgetragen werden. Uns gegenüber, auf dem quai de la Mégisserie, sieht einer unserer Freunde, wie alle großen Fensterscheiben seines Wohnzimmers zersplittern. Dabei ist er noch gut weggekommen: denn tags darauf erhält er einen Telefonanruf von einer Dame, die in einer Klinik liegt und gerade operiert worden ist; sie bittet ihn, sich nach ihrem Mann zu erkundigen, einem Hauptmann im Ruhestand, der im Nachbarhaus wohnt und kein Telefon hat. Mein Freund nutzt eine Feuerpause aus, geht hinunter und klopft bei dem Hauptmann an. Keine Antwort. Er sagt der Concierge Bescheid, die merkt, daß sie ihren Mieter seit sechsunddreißig Stunden nicht gesehen hat. Die Tür wird aufgebrochen. Der Hauptmann liegt unter seinem Fenster, von einer Kugel in die Stirn getötet.

Indes geht die Schlacht weiter. In der rue de la Huchette häufen sich auf den Gehsteigen die Soldbücher der Deutschen. Frauen durchblättern sie ohne Haß. An *diesem* Tage war die Menge ohne Haß; morgen wird man sehen, daß dem nicht immer so gewesen ist. Eine von ihnen sagt: «Man muß sie ihren Familien zuschikken.» Zwischen die Blätter der Soldbücher sind bunte Kitschpostkarten geschoben: Blumen, hübsche Mädchen, die Küsse verteilen, Mondschein. Manchmal befleckt sie ein wenig Blut.

Eine Stunde Kampf

Ein Wagen wird angekündigt. Sogleich versperren Männer, welche die Armbinde der Résistance tragen, mit bewundernswerter Schnelligkeit den Zugang zu den Quais für Passanten, bringen die Frauen in die Toreinfahrten. Eine neue Schlacht. Die Insassen des Wagens, zwei Deutsche, verteidigen sich eine Stunde lang mit einem Mut, der Achtung abnötigt, und ich kann nicht umhin, an das zu denken, was sie verspüren: derart verlassen in dieser glühenden Hitze, in dieser Stadt, die gestern so alltäglich war und heute so schwer zu erkennen ist, blutig und zornig, mit ihren zahllosen Fallen. Die da werden entkommen: während sie kämpfen, repariert ihr Fahrer den defekten Wagen; plötzlich macht er eine Kehrtwendung und fährt wieder los; sicherlich werden sie anderswo getötet, an den Stadttoren oder am carrefour de l'Odéon oder auf der place de la République.

Aber schon ist ein weiteres Auto auf dem Pont-Neuf stehengeblieben. Es wird geschossen. Plötzlich sieht man über einem Brükkenbogen des Pont-Neuf einen kleinen schwarzen Fleck, der sich an den weißen Stein heftet. Es ist ein FFI-Mann, der mit einem Sack voller Handgranaten langsam nach oben klettert: jetzt läuft er, kaum gebückt, auf dem Außenrand der Brücke. Gerade bleibt er stehen, hält sich mit der einen Hand am Geländer fest und wirft mit der anderen seine Handgranate. Eine kurze Explosion. Das Schießen hat aufgehört. Der Résistancemann schwingt sich über das Geländer, andere stürzen, mit dem Revolver in der Hand, auf die Brücke. Plötzlich gleitet ein schneller Schatten zwischen zwei Brückenbögen dahin: ein Deutscher, der ins Wasser gesprungen ist. In der Mitte riesiger Ringe sieht man seinen runden schwarzen Kopf, dann legt ein Streifenboot der Polizei vom Ufer ab und holt ihn wieder heraus. Er wird zu seinen Kameraden ins Dépôt gebracht werden.

Beruhigung. Männer auf Fahrrädern kommen vorbei. «Na,

Jungs? Braucht ihr Munition? Nur Geduld, wir bringen euch welche.» FFI-Wagen kommen in voller Geschwindigkeit aus dem Justizpalast heraus; sie nehmen die Kurven auf zwei Rädern, weil sie den Kameraden auf der place de l'Observatoire oder der place des Gobelins zu Hilfe kommen wollen. Einer meiner Freunde nutzt die Pause aus und macht einen kleinen Rundgang durch das Viertel. Er begegnet einem großen Burschen, der an einer Tür lehnt und eine Flasche mit Benzin, eine Handgranate und ein Gewehr trägt: es ist ein Panzerknacker.

«Und womit knacken Sie die?» fragt mein Freund verwundert.

«Damit. Man wirft die Flasche auf den Panzer, und das Benzin läuft aus. Dann wirft man die Handgranate, und das Benzin entzündet sich. Der Panzer brennt, die Insassen kommen heraus, und man nimmt das Gewehr und knallt sie ab.»

Am Sonntag haben sie mit diesen Behelfsmitteln einen «Tiger»-Panzer geknackt. Man denkt an prähistorische Jagden, bei denen Urmenschen ein Mammut mit scharfgeschliffenen Steinen erlegten.

Ein brennendes Auto

Heute abend verbrannten sie in der Höhe des Hôtel Notre-Dame auf dem Seinequai einen Lastwagen. Die Flammen schlugen höher als die Häuser, die ganze Kathedrale glühte, leuchtender als bei Festen in Friedenszeiten. Am Morgen des darauffolgenden Tages habe ich gesehen, wie sie ein Auto in Brand steckten. Schwarz und gewaltig wie ein andalusischer Stier tauchte es plötzlich in der Höhe der Buchhandlung Gibert auf. Bedrohlich und ohnmächtig, seines Schicksals gewiß, fuhr es in voller Geschwindigkeit vorbei und ließ zu seiner Rechten, zu seiner Linken Spritzer von Explosionen aufstieben, so als führe es an einem Regentag durch Wasserpfützen. Es entgeht allen Salven, es kommt zu uns heran, und dann macht es jählings in der Höhe des Hauses Nr. 51 eine riesige Schlingerbewegung und zerschellt am eisernen Rolladen einer Buchhandlung. Fast sogleich schlagen riesige Flammen aus den Fenstern mit den zersplitterten Scheiben. Eine gräßliche Stimme brüllt: «Kamerad! Gnade! Gnade!» An die zehn FFI-Leute haben sich, noch vorsichtig, genähert, so wie die Madrilla des Torero, die den im Sterben liegenden Stier umsteht und darauf lauert, ob ihm der Gnadenstoß gegeben werden muß. Erbärmlich brüllt die Stimme: «Kamerad!» Résistanceleute rufen: «Kein Kamerad. Laßt ihn verbraten wie ein Schwein!» Noch andere drängen darauf, daß er erledigt wird. Er ruft noch immer. Da kniet sich ein mager-dunkelhaariger großer junger Mann hinter das Auto und zielt durch die Flammen auf etwas. In diesem Augenblick liegt etwas Grauenvolles und Edles. Der junge Mann zielt ohne Eile; durch die behutsame langsame Anmut seiner Bewegungen ähnelt er einem Torero, der auf den günstigen Augenblick für die Estocade lauert. Der Schuß geht los, die Schreie verstummen. Aber noch lange danach wird der Wagen knistern.

V Hoffnungen und Ängste des Aufstands

Der Dienstag und der Mittwoch haben wechselnde Gesichter gezeigt. Hoffnung, Kameradschaft, Besorgnis. In der Umgebung des Théâtre-Français, wohin ich recht oft gerufen wurde, erstreckten sich große Räume der Stille – das Palais-Royal, der östliche Teil der rue de Rivoli – und große tödliche Räume: das Carrousel, wo eine freie Gruppe von Schauspielern, im Schutz von Sandhaufen, Seite an Seite mit den *Forces Françaises de l'Intérieur* des ersten Arrondissements kämpfte, und das gegen einen unsichtbaren fernen Feind, der hinter den Büschen des Parks versteckt lag. In allem waren Deutsche enthalten, eingeschlossen hinter ihren Stacheldrahtverhauen und Sperrgittern. Nur einige ihrer Panzer fuhren durch die Stadt, schossen aufs Geratewohl und hinterließen Leere, wo sie vorbeigekommen waren.

Doch die Angst wuchs: die Munition, die man am Vortage und noch zwei Tage davor den Deutschen abgenommen hatte, ging zur Neige; es war schwierig, weitere zu bekommen, weil der Feind sich kaum noch auf die Straßen wagte. Von den FFI-Posten kamen höchst besorgniserregende Nachrichten: feindliche Gruppen sickerten so ziemlich überall ein. Würden sie nicht versuchen, die Stadt zurückzuerobern? Sie hatten mit Gewalt auf das Erscheinen der Zeitungen reagiert und verschiedene Ausrufer erschossen: würden sie nicht versuchen, das Gebäude von *Paris-Soir* im Sturm zu nehmen? Dabei gab es bei *Paris-Soir* noch Waffen. Aber andere Zeitungen waren völlig waffenlos; dort würden die Journalisten wie in einer Reuse gefangen werden.

Drei Uhr morgens

Die Barrikaden, von denen die Stadt starrte, hatten zwar einen offensiven Zweck, nämlich die deutschen Wagen aufzuhalten, die möglicherweise von der zusammengebrochenen Front zurückkämen. Vor allem aber waren sie eine Verteidigung, eine sehr schwache Verteidigung gegen einen noch bedrohlichen Feind. Gerüchte liefen um: «Wir haben nur noch für drei Stunden Munition!» «Um Paris bleiben noch so viele deutsche Divisionen, daß sie es innerhalb von vier Stunden zurückerobern können.» Die Straßen hatten ihr Gesicht verändert. All die gefällten Bäume, all das grüne Laub, das die Fahrbahn versperrte, engten das Leben des Stadtviertels noch stärker ein. Für tausend demokratische kleine Klubs unter offenem Himmel hätte man es halten können. Die Fahnen an den Fenstern, die Menge auf der Straße erinnerten an die früheren 14. Juli-Feiern. Und doch waren die Züge scharf, die Gesichter entschlossen, aber düster. Eine Endkatastrophe war nicht ausgeschlossen. Ich habe die letzten beiden Offiziere gesehen, die zu den alliierten Armeen aufgebrochen waren, um deren Anführer zu bitten, ihren Einzug in die Stadt zu beschleunigen. Dieser Einzug war erst für Samstag und Sonntag vorgesehen. Würden wir bis dahin durchhalten? Am Mittwoch wurden stündlich die Amerikaner in Versailles angekündigt; und jedesmal verscheuchte ein Dementi unsere Freude; jemand hatte in Versailles angerufen, sie waren nicht da.

Plötzlich, am Mittwoch, verkündete der englische Rundfunk, Paris sei befreit. Ein Freund und ich hörten uns das bäuchlings an, weil um das Haus gerade eine kräftige Gewehrschießerei eingesetzt hatte, und wir konnten nicht umhin, diese den Parisern gemachte Ankündigung ziemlich überraschend und etwas unpassend zu finden. Paris war befreit. ABER es war unmöglich, aus dem Haus zu gehen; ABER die rue de Seine, wo ich wohnte, war völlig gesperrt; ABER ein deutscher Panzer, der unbeweglich auf dem pont des Tuileries stand, richtete seine Kanone auf das linke Seineufer. Doch kurz darauf überlegten wir: wenn gemeldet wird, Paris sei befreit, dann deshalb, weil das alliierte Oberkommando beschlossen hat, in die Stadt einzuziehen. Morgen werden sie da sein.

Zwei Schriftsteller lassen einen Spion entkommen

Von diesem außerordentlichen Donnerstag will ich erzählen. Für jedermann fing er in der Hoffnung, in der Gewißheit an, die Alliierten würden noch an diesem Tage nach Paris einziehen. Schon glaubte man, welche auf den Straßen zu sehen. Ich will hier beschämt erzählen, wie diese riesige Hoffnung Armand Salacrou und mich um die Verhaftung eines Spions der Gestapo brachte. Wir wollten einen Freund besuchen, der im Hôtel Beaujolais wohnte, einem ruhigen kleinen Hotel unter den Arkaden des Palais-Royal, dessen Fenster auf die Gärten gehen. Wir näherten uns dem verglasten Empfang, als ein dicker und großer rotgesichtiger Mann in einem kastanienbraunen Tweedanzug, barhaupt und mit einem Paket unterm Arm, auf Salacrou zutrat. Er schien betrunken und mitgenommen. «Sie tragen die Ehrenlegion», sagte er mit stark ausländischem Akzent zu Salacrou. «Ich auch.» Mit dem Finger zeigte er auf seinen Jackenaufschlag, wo sich ein Streifen französischer Auszeichnungen befand. Salacrou, in Eile, gab ihm eine kurze Antwort, und wir gingen auf den Hotelbesitzer zu, um uns nach unserem Freunde zu erkundigen. Währenddessen hatte sich der Mann mit den Auszeichnungen auf ein Sofa nahe am Eingang gesetzt und sich, erschöpft, nach hinten in die Kissen gelehnt. Leise sagte der Besitzer zu uns: «Das ist ein kanadischer Fallschirmjäger.» Ein Kanadier! Der erste Kanadier! Wir liefen auf ihn zu, und Salacrou hieß ihn auf englisch willkommen. Er antwortete auf englisch, dann auf französisch; wir bestürmten ihn mit Fragen: woher er komme, was er hier mache, wann die Alliierten kämen? Entgegenkommend antwortete er: «Ich bin mit dem Auto gekommen, ich fahre vor General Leclerc her, der in vier Stunden im Rathaus eintreffen wird. Ich habe weitere Freunde in der Stadt.» Er zog seine Hosenbeine hoch und zeigte uns seine versengten Waden, die mit bräunlichen Flecken bedeckt waren: «Saint-Lô!» sagte er zu uns. Er lachte schwerfällig, vor Mattigkeit und vor Trunkenheit. Ich fragte ihn: «Ist es ganz sicher, daß sie um vier Uhr eintreffen?» Sein Gesicht wurde hart, und aus seinen Augen schoß ein Blitz, der mir in dem Augenblick nicht auffiel, an den ich mich seither aber erinnert habe. «Sicher», sagte er. «Und ich gäbe alles auf der Welt darum, ihren Einzug nicht zu verpassen.» Dann schlug er auf das mit schwarzem Segeltuch umwickelte Stoffpaket, das er neben sich gelegt hatte, und sagte: «Fallschirm ...»

Wir glaubten ihm. Durch verschiedene Beschäftigungen beansprucht, ließen wir ihn sitzen, dann kehrten wir zu einer Gruppe unserer Freunde zurück und verkündeten stolz: «Wir haben den ersten Kanadier gesehen.» Ich glaube, ich habe die Neuigkeit verschiedenen Personen sogar telefonisch mitgeteilt. Aber eine reizende Schauspielerin, deren Verdienste während des Krieges man eines Tages entdecken wird, hörte uns höflich lächelnd zu und rief dann hinter unserem Rücken einen Hauptmann vom Nachrichtendienst an: «Im Hôtel Beaujolais ist ein Deutscher in Zivil. Kommen Sie schnellstens her.»

Der Kanadier verschwindet

Als die Schauspielerin und der Hauptmann im Hôtel Beaujolais vorsprachen, war der falsche Kanadier verschwunden. Die Zuverlässigkeit des Hotelbesitzers war unbezweifelbar; wie wir, hatte er sich Voreiligkeit zuschulden kommen lassen: er hätte allzu gerne an das Wunder geglaubt. Die einzige Strafe, die man ihm auferlegte, war, daß sein Sohn für ein paar Stunden zur Arbeit an den Barrikaden geschickt wurde. Aber am übernächsten Tage, als die Deutschen auf die Menge schossen, erinnerte ich mich an den falschen Kanadier, an den eiskalten Blitz, der aus seinen Augen geschossen war, und an die sonderbare, fast drohende Stimme, mit der er gesagt hatte: «Ich gäbe alles auf der Welt darum, ihren Einzug nicht zu verpassen.»

VI Die Befreiung steht vor unseren Toren

Den ganzen Nachmittag hindurch hält der Kampf an. Die Panzer patrouillieren auf den Straßen. Vor der École militaire errichten jetzt die Deutschen Barrikaden; die Gaffer gucken zu und lachen erleichtert: «sie» kommen also. An der Metrostation Duroc, in der ganzen rue Lecourbe, an der Ecke der rue de Vaugirard und des boulevard Pasteur beschießen die Deutschen mit Maschinenwaffen Cafés und Geschäfte. Sie schießen auf die Häuser, bis hinauf zu den Dachluken; ihre Wut wächst von Stunde zu Stunde.

In der Ferne donnert die Kanone, in den Herzen steigt die Hoffnung. Es wird Abend. Die Leute verbreiten sich in Gruppen auf den Straßen, fragen einander aus; ein Radfahrer, der über den carrefour Vavin kommt, wird von der Menge angehalten, man drängt sich um ihn: «Wo sind sie?» «Sie sind an der porte de Châtillon», sagt der eine; ein anderer sagt: «An der porte d'Orléans wird gekämpft.» Und plötzlich ruft das Radio durch die offenen Fenster die Nachricht hinaus: «Sie sind im Rathaus.»

Ein 14. Juli der Befreiung

Die Glocken fangen zu läuten an, die Fenster werden erleuchtet, das riesige Getöse brandet aus Häusern und Straßen auf. Mitten auf der Straßenkreuzung stimmt ein Mann die Marseillaise an. Er kann nur eine Strophe, die von der Menge zwei-, dreimal wiederholt wird – zur Abwechslung singt er «La Madelon», aber die Lieder genügen als Ausdruck unserer Freude nicht: Männer und Frauen fassen einander an den Händen und bilden einen Kreis. Einer hat an der Ecke des boulevard Montparnasse ein Feuer angemacht, und zwar genau an der Stelle, wo früher mit Tanz der 14. Juli gefeiert wurde. Die Menge ergeht sich in Rundtänzen um ein Freudenfeuer.

Plötzlich lassen die Hände einander los: «Panzer, da kommen die Panzer!» Das Feuer wird mit Fußtritten ausgemacht, und jeder sucht in der Toreinfahrt eines nahe gelegenen Hauses Zuflucht. Die Fenster sind dunkel geworden, kein einziger Panzer kommt vorbei, aber die Nacht ist wieder vergiftet: noch sind Deutsche in Paris! Werden sie es womöglich heute nacht hochgehen lassen? Die Menge verläuft sich.

Ihr Haß

Bald liegt die Straßenkreuzung wieder in Finsternis und Schweigen. In der Ferne grollt die Kanone. Gegen Mitternacht ruft eine Stimme in den ruhigen kleinen Straßen, auf den großen Boulevards: «In die Schutzräume! ...»

Und die Leute, die während der lautesten alliierten Bombenangriffe ruhig schliefen, bleiben verängstigt vor den Haustüren. Wie es heißt, beschießt eine Batterie von Longchamp aus Paris ... wie es heißt, wird der Senat hochgehen. Aber weder vor ihren Kanonen noch vor ihrem Dynamit haben wir Angst: was auf der Stadt lastet, was unsere Herzen beengt, ist ihr Haß. Während dieser vier Jahre war er hinter einer Maske verborgen – seit einer Woche ist er offen ausgebrochen, geht er auf den Dächern um, wacht er im Innern der großen schwarzen Gebäude, auf denen das Hakenkreuz weht. Und diese Anwesenheit ist drückender als jede Drohung.

«Da sind sie!»

Die Kanone ist verstummt; Paris ist eingeschlafen. Aber seit Beginn des neuen Tages sind die Straßen erneut voller Leute; man reißt sich um die Morgenzeitungen, man streift von einem Boulevard zum anderen und wartet darauf, sie plötzlich auftauchen zu sehen, wundersam und wirklich. Ab und zu drehen sich beim Geräusch eines Motors oder beim Rasseln von Eisenteilen die Köpfe um. Ist es ein deutscher Wagen? Ein Panzer? Aber nein, man muß es zu glauben wagen: kein einziger Deutscher mehr auf den Straßen; sie sind hinter ihren Bunkern und ihren Stacheldrahtverhauen verschanzt; sie ducken sich, wir werden sie nicht mehr – mit Maschinengewehr im Anschlag und grausamen Augen – durch Paris ziehen sehen. Plötzlich erblickt man in der Tiefe des boulevard Raspail, vor dem Löwen von Belfort, im Sonnenschein eine Wagenkolonne ... «Sie» sind es. Mit einem Satz laufen die Leute, die an der Straßenkreuzung umherstrichen, die Leute, die an den Fenstern Ausschau hielten, im Bademantel, im Schlafanzug, in Pantoffeln auf die Straße, daß ihnen der Atem vergeht. Vor der Krankenstation Marie-Thérèse stehen die Krankenschwestern um eine Fahne; sie haben die Stühle, auf denen skrofulöse Kinder sitzen, auf den Gehsteig geschoben. Weiter entfernt die kleinen Mädchen von der Wohlfahrtsbehörde, die mit Kokarden geschmückt sind.

Eine erste Abteilung ist bereits vorübergezogen, eine zweite wird folgen, und alle Blicke sind auf den ehernen Löwen gerichtet. Von Zeit zu Zeit knattert es: der Wagen eines Beerdigungsunternehmens, auf dem sich Holzsärge häufen. Manchmal aber fällt auch ein Schuß. Soeben ist von den Dächern herunter geschossen worden. Die Menge weiß es, doch ist ihre Begeisterung größer als jegliche Vorsicht, sie drängt sich entlang der ganzen Fahrbahn, ihrer selbst unbewußt, ganz und gar bei denen, die zurückgekehrt sind.

Sie kommen. In den Lastwagen, in den Jeeps, auf den Panzern, unter den amerikanischen Stahlhelmen, sonnengebräunt, glücklich, lächelnd ... Es sind französische Soldaten der Division Leclerc. Die Menge brüllt vor Freude. Sie erstürmt die Wagen, ergreift die ausgestreckten Hände.

Vier Jahre hindurch hatte uns der Krieg ein unmenschliches Gesicht zugekehrt; mit ihrem angespannten Gesicht, ihren leeren Augen schienen die Soldaten, die wir trafen, von einem erbarmungslosen Geschick gezeichnet, sie gehörten einer fremden, einer phantastischen und trostlosen Welt an. Und auf einmal sind die Krieger, die wir heute begrüßen, sind diese Sieger unter der khakifarbenen Uniform Menschen. Sie blicken herüber, sie rufen, sie lächeln. Sie begrüßen uns mit ihren zwei zu einem V gespreizten Fingern, und wir spüren, daß ihr Herz im selben Rhythmus schlägt wie unseres. Frauen, Straßenjungen haben die Lastwagen erstürmt, und die Autos, die Wagen der FFI fahren hinter den Panzern her; Zivilisten und Soldaten gehören einer einzigen Rasse an: es sind freie Franzosen.

Sie ziehen vorüber, und die Menge bejubelt sie unermüdlich, stampft mit den Füßen, klatscht in die Hände. Plötzlich knallt ein Schuß, noch einer, und noch einer; eine Frau ist gefallen, ihr Kleid in den Farben der Trikolore hat ein Loch mitten im Mieder. Zur gleichen Zeit wird von einem Türmchen in der rue Saint-Jacques aus auf den Vorplatz von Notre-Dame geschossen: ein Panzer der

Division Leclerc greift das Türmchen an und holt die Übeltäter herunter.

Der Revolver unter der Puppe

Den ganzen Tag haben überall in Paris Milizionäre, Deutsche in Zivil, auch Frauen auf die Passanten geschossen. In der rue de Rennes klatscht eine Frau, die sich aus einem beflaggten Balkon lehnt, Beifall: auf dem Boden liegend, von der Trikolore verborgen, schießt ein Mann durch ihre Beine hindurch; eine andere hält in ihren Armen ein Kind und lächelt: das Kind ist eine Puppe, unter der ein Revolver versteckt ist. Der Haß, der an diesen Herzen nagt, breitet seinen Schatten über die festlich gestimmte Stadt. Furchterfüllte Blicke gehen zu Dächern und Dachluken hoch. Und die Freude der Menge, diese so reine, sorglose und großherzige morgendliche Freude schlägt, durch Argwohn, durch Angst getrübt, manchmal in Grausamkeit um.

Was man nicht tun darf

Zum unteren Ende des boulevard Saint-Michel hin bin ich dem traurigen Zuge begegnet. Die Frau war etwa fünfzig Jahre alt, man hatte sie nicht völlig kahl geschoren. Ein paar Haarsträhnen hingen ihr um das geschwollene Gesicht; sie trug keine Schuhe: das eine Bein bedeckte ein Strumpf, das andere war nackt. Sie lief langsam, schüttelte den Kopf von rechts nach links und wiederholte sehr leise: «Nein, nein, nein!» Um sie herum sangen einige hübsche junge Frauen und lachten sehr laut; doch mir schien, daß die Gesichter der Männer, die sie umherführten, ohne Fröhlichkeit waren; eine Art schamhafter Erschöpfung lastete auf ihnen. War das Opfer schuldig? War sie schuldiger als diejenigen, die sie angezeigt hatten, als diejenigen, die sie schmähten? Wäre sie eine Verbrecherin gewesen – dieser mittelalterliche Sadismus hätte darum nicht weniger Abscheu verdient. Und sicherlich ermaß die Menge nicht völlig die Grausamkeit solcher Handlungen (mehrere Kahlgeschorene haben sich umgebracht, diejenige, die ich gesehen habe, schien geistesgestört); aber es ist bedauerlich, daß sie sich oft dafür entschieden hat, ihre Freude und ihren patriotischen Eifer dadurch auszudrücken, daß sie auf unbesonnene Weise niedrige Rachegelüste stillte.

VII Ein Siegestag zwischen den Kugeln

Vor acht Tagen, auf die Stunde genau, brach der Aufstand aus; ich befand mich damals in derselben rue de Rivoli; sie war menschenleer, und ich hörte ungewohntes Klatschen und Knallen, das vom Pont-Neuf zu kommen schien. Heute sind SIE da, SIE werden gleich vorüberziehen. Ich bin in einem Salon des Hôtel du Louvre. Mir gegenüber die dicke schwarze Masse des Finanzministeriums. Unter mir die Menge, die in der Sonne glänzt. Ich habe noch nie so viele Menschen auf einmal gesehen.

Wenn ich mich vorbeuge, kann ich mit dem Blick die rue de Rivoli bis zum Châtelet, bis zur place de la Concorde hinuntersehen. Und überall glitzern Köpfe wie kleine Glassplitter, die von ganz verschiedenen langsamen Schwankungen belebt werden, soweit der Blick reicht. Unmittelbar unter meinem Balkon, vor den schwarzen Steinen, unter den staubigen düsteren Fensterscheiben des Ministeriums, ist, wie mir scheint, die Bekleidung fröhlicher, weniger düster als sonst: die hellen Kleider, die Kokarden, die Spruchbänder, die Fahnen erinnern an spanische Volksmengen.

In der ersten Reihe sitzen Frauen und Kinder auf dem Gehsteig. Ab und zu fährt ein Militärauto vorbei, und ein großes unbestimmtes Raunen läuft über die schwankenden Köpfe, wie ein Windstoß durch Getreideähren. Und dann schwillt das Raunen plötzlich an, wandelt sich in ein ganz lautes Rufen: «Da sind sie!»

Kriegskarneval

Ich habe nie einen seltsameren und schöneren Vorbeimarsch gesehen. Er hatte nicht die strenge Gliederung und den Aufwand der großen Truppenschauen. Zuallererst erinnerten diese bunten Wagen, die mit sonderbaren Zeichen und Streifen weißer Farbe bedeckt waren, an einen etwas dürftigen Karneval, einen Kriegskarneval. Auf kleinen Lastwagen zogen Männer und Frauen langsam vorüber, wie auf den großen Wagen am Karnevalsdienstag. Nur hielten sie in ihren Händen Gewehre, Handgranaten, Revolver; ihre Gesichter waren hart, von der Sonne gebräunt, von der Erschöpfung gezeichnet. Schwarze Autos folgten ihnen, aus denen bisweilen ein Arm, ein einziger Arm herausragte, welcher der Menge einen schweren Revolver zeigte.

Man dachte an die finsteren Wagen der Chicagoer Gangster, die Killer zu einem Bankraub fahren oder die ein Opfer «zu einer Spazierfahrt» entführen. Aber die Menge klatschte Beifall und rief nach der «Lampion»-Melodie: «F.F.I.! ... F.F.I.!», und die Killer in Hemdsärmeln, die lachend all ihre Zähne bleckten, wurden durch die Huldigung des Volkes begrüßt. Die Handgranaten, die Maschinengewehre, alle Todeswerkzeuge wurden zu harmlosen und rituellen Emblemen eines großen, fast religiösen Festes.

Und dann erschienen plötzlich hinter diesem Zug von schlechtbewaffneten und schlechtgekleideten Männern und schönen Frauen, die in der einen Hand ein Gewehr und in der anderen eine Fahne hielten, mächtig und stumm Autos voller Soldaten, voller Mobilgarden mit weißen Handschuhen: die Ordnung, die Macht. Auch sie wurden beklatscht.

Die Waffenbrüder

Niemals seit Menschengedenken hat der Aufstand der Armee derart nahegestanden, hat er mit ihr derart brüderlich zusammengearbeitet; niemals hat man unter denselben Zurufen zivile Kämpfende, die für Guerilla und Hinterhalt, die für den Aufruhr bewaffnet waren und den ungleichen Barrikadenkampf, und untadelige Soldaten mit ihren Anführern vorbeiziehen sehen. Die Menge klatschte den einen und den anderen Beifall, sie begriff dunkel den Doppelcharakter dieses patriotischen und revolutionären Vorbeimarsches; sie spürte, daß in dieser außergewöhnlichen Zeremonie alle Verheißungen enthalten waren – und daß es nicht nur darum ging, die Deutschen aus Frankreich zu verjagen, sondern darum, einen härteren und geduldigeren Kampf um die Eroberung einer neuen Ordnung zu beginnen.

Plötzlich machte sich in dem Vorbeimarsch eine geheimnisvolle Hast bemerkbar; die Ordnung der Zeremonie schien gestört. Sehr schnell fuhr ein langer Wagen vorbei, der unter Hurrarufen General de Gaulle entführte: dann fuhren andere Wagen vorüber, die knapp die Menge streiften, und die Insassen riefen im Vorbeifahren unverständliche Hinweise aus. Sehr viel später erfuhren wir den Grund für diese plötzlich eintretende Unordnung: auf den Champs-Élysées, auf der place de la Concorde hatte man auf den Zug gerade geschossen. Doch am Ort sahen wir darin nur eine zusätzliche Seltsamkeit, eine unerklärliche und desto schönere Äußerung jenes ungeheuren und kraftvollen Lebens, das den Vorbeimarsch beseelte. Hinter den letzten Autos war die Menge auf die Fahrbahn geströmt. Die rue de Rivoli verschwand, nur ein rauschender Fluß von Männern und Frauen blieb.

In diesem Augenblick knallten die ersten Schüsse, und dann noch mehr. In dieser gespannten, fast tragischen Atmosphäre, nach dem Hochhalten all dieser Waffen, nach diesen sechs Tagen des Ruhms und des Blutes schienen sie keineswegs unangebracht. Sollte ich zu sagen wagen, daß sie mir wie eine natürliche Folge der

Feststimmung vorkamen? Die Menge schrie nicht auf: eine Menge schreit auf, wenn sie sieht, wie ein Artist von einem Trapez herunterfällt oder wie ein Auto ein Kind überfährt; wenn man aber auf sie schießt, wahrt sie Schweigen. Man könnte meinen, ein lautloser Wind biege plötzlich die Ähren eines Feldes zu Boden. Wie soll man das ungeheure Zurückfluten wiedergeben? Ein Auseinanderlaufen war es nicht: es gab nicht den geringsten freien Raum, über den die Menge hätte auseinanderlaufen können. Eher war es eine weitreichende Meeresflut, ein riesiges Wogen. Und Schweigen. Gerade nur die kleinen Knalle, das kleine Kläffen des Gewehrs, das in weit umgekehrtem Verhältnis stand zu der Bewegung, die es hervorrief.

Auf den Zeugen wird geschossen
Ich muß sagen, daß ich deshalb nicht mehr sah. Die Menge hat sehr einfache Gedankengänge: das Hôtel du Louvre ist lange mit deutschen Dienststellen besetzt gewesen; die Menge schließt daraus sogleich, dort seien in den Dachgeschossen noch Deutsche versteckt. Die FFI-Leute eröffneten wacker das Feuer auf uns. Rasch kehrten wir in die Wohnung zurück, und zwar in hochvornehmen Haltungen: bäuchlings, hinter den Betten kniend usw. ..., bis eine Beruhigung uns ermöglichte, die Flure des Hotels aufzusuchen. In den Fluren herrschte ein unbeschreibliches Durcheinander. Militärpersonen bemühten sich, die Leute am Hinausgehen zu hindern: auf die place du Palais-Royal wurde geschossen. Plötzlich tauchte eine verstörte Frau auf, gefolgt von ein paar FFI-Leuten, die den Hoteldirektor sprechen wollten. Die Frau rief: «Ich habe gesehen, wie er vom dritten Stock aus heruntergeschossen hat; ich erkenne ihn unter tausend.» Ich brauche Ihnen nicht zu sagen, daß die Résistanceleute, die das Glück gehabt haben zu sehen, wie von einem Fenster aus geschossen wird, erklären, sie hätten nie mehr als ein kurzes Aufblitzen bemerkt. Die Frau indes, wahnsinnig vor Wichtigtuerei und Durchgedrehtheit, ließ das Personal des Hotels an sich vorüberziehen. Plötzlich zeigte sie auf einen Pagen und erklärte voller Überzeugung: «Der ist es!» Der Ärmste, blaß und schlotternd, wurde ergriffen und ohne Rücksicht zum Kommissariat gebracht. Um seine Geschichte zu Ende zu bringen: ich habe später erfahren, daß man ihn augenblicks erschießen wollte. Mit vielem Bitten und Flehen gelang es dem Hoteldirektor, die Hinrichtung aufzuschieben, bis er einen glaubwürdigen Zeugen beibringen konnte, der für die Unschuld des Mannes bürgte.

Etwas später habe ich diesen Hoteldirektor gesehen; die Sache ging ihm nach. Er sagte zu mir: «Es ist ein sehr sanftmütiger, sehr gewissenhafter, sehr patriotisch gesinnter Junge; ich sehe nicht, was man gegen ihn vorbringen kann!» Er faßte sich an den Schnurrbart und fügte, plötzlich besorgt, hinzu: «Freilich, er war homosexuell ....» Ich beruhigte ihn: «Das wäre für ihn kein Grund gewesen, auf die Menge zu schießen.» – «Nein, nicht wahr?» erwiderte er erleichtert. – Wir wollen wünschen, daß der arme Junge nicht die Liste der irrtümlicherweise Erschossenen verlängert.

Panik und Kaltblütigkeit

Unterdessen war ich zur Notstation des Théâtre-Français gekommen. Die Menge war in die Vorhalle eingedrungen, und die FFI-Leute hatten größte Mühe, zu verhindern, daß sie die Verwundeten erdrückten. Es gelang ihnen, sie auf die Treppen und in das erste Stockwerk abzudrängen, nicht ohne daß sie etliche Schmährufe einstecken mußten. Ein dicker Herr, den ein Schauspieler des Théâtre-Français weiterzugehen bat, nannte ihn einen «dreckigen Luden», einen «dreckigen Schmierenschauspieler». Dieser Schauspieler hatte drei Tage lang in der rue de Rivoli gekämpft und mehr als zwanzig Verwundete auf der Trage weggebracht. Es versteht sich, daß solche nervösen Reaktionen verzeihlich waren. Aber unter den Schutzsuchenden hatten nicht alle den Kopf verloren: als wieder Ruhe eingekehrt war und man die Comédie-Française geräumt hatte, stellte man fest, daß die Kantine geplündert und daß mehrere Fahrräder gestohlen worden waren.

Das Ende einer Ruhmeswoche

In der Vorhalle lag mit gefalteten Händen und einem schmutzigen Taschentuch überm Gesicht auf einer blutbefleckten Bahre ein Mann: ein Toter. Er war gekommen, um General de Gaulle zuzujubeln; er hatte eine Kokarde in den Farben der Trikolore in sein Knopfloch gesteckt; mit den anderen zusammen hatte er seine Freude hinausgerufen; jetzt hatte ihm eine Kugel das Gesicht zerfetzt, der Tod hatte sich über all dieser Freude wieder geschlossen. Einige Schwerverwundete, viele Nervenzusammenbrüche. Im ganzen fünfzehn Opfer. Auf einem dreijährigen Kind hat die Menge eine Viertelstunde lang herumgetrampelt. In der Station warten Männer und Frauen hinter einer behelfsmäßigen Schranke: sie sind von ihren Kindern, ihrer Mutter, ihrem Bruder getrennt worden; sie kommen und fragen, ob sie nicht zufällig unter den Verwundeten sind. «Haben Sie einen jungen Mann von fünfzehn Jahren gesehen?» Man geht nachsehen. «Nein, keiner da.» Einen Augenblick bleiben sie, unentschlossen, ratlos: «Und wo liegt die nächste Notstation?» Man zeigt sie ihnen, und mit müden Schritten begeben sie sich hin. Immer noch wird geschossen, aber weniger heftig. Schauspielerinnen laufen mit Krankentragen durch die rue de Rivoli. Eine von ihnen verliert ihre Sandalen und setzt ihren Weg barfuß fort. Aber die Leute scharen sich in den Bogengängen, es gibt jetzt keine Verwundeten mehr. Noch ein paar Schüsse, und es ist vorbei. Vorbei auch das große Fest; vorbei die Woche des Ruhms. Der Tag darauf wird ein sehr trüber, menschenleerer Sonntag sein, ein echter Nach-Festtag. Und am Montag werden die Kaufhäuser, die Büros wieder aufmachen: Paris wird sich wieder an die Arbeit begeben.

August/September 1944

Die Republik des Schweigens

Niemals waren wir freier als unter der deutschen Besatzung. Wir hatten all unsere Rechte verloren und in erster Linie das Recht zu sprechen; jeden Tag warf man uns Schmähungen ins Gesicht, und wir mußten schweigen; massenweise verschleppte man uns als Arbeiter, als Juden, als politische Gefangene; überall an den Mauern, in den Zeitungen, auf der Leinwand begegneten wir dem abscheulichen und faden Gesicht, das unsere Unterdrücker uns von uns geben wollten: auf Grund all dessen waren wir frei. Da das Nazigift bis in unser Denken eindrang, war jeder richtige Gedanke eine Eroberung; da eine allmächtige Polizei versuchte, uns zum Schweigen zu zwingen, wurde jedes Wort kostbar wie eine Grundsatzerklärung; da wir verfolgt wurden, hatte jede unserer Gesten das Gewicht eines Engagements. Die oft grauenvollen Umstände unseres Kampfes versetzten uns endlich in die Lage, ungeschminkt und unverhüllt jene zerrissene, unhaltbare Situation zu durchleben, die man die *Conditio humana* nennt. Exil, Gefangenschaft und vor allem der Tod, den man in glücklichen Zeiten geschickt kaschiert, machten wir zu ständigen Gegenständen unserer Sorgen, wir lernten, daß das keine unvermeidbaren Unfälle, ja nicht einmal dauernde, aber äußere Bedrohungen sind: es galt, darin unser *Los*, unser Schicksal, die tiefe Quelle unserer menschlichen Realität zu sehen; jede Sekunde erlebten wir die volle Bedeutung des banalen kleinen Satzes: «Alle Menschen sind sterblich.» Und die Wahl, die jeder von sich traf, war echt, weil sie angesichts des Todes fiel, weil sie sich stets in der Form: «Lieber den Tod als ...» hätte ausdrükken lassen. Und ich spreche hier nicht von der Elite, welche die echten Widerstandskämpfer darstellten, sondern von allen Franzosen, die vier Jahre hindurch zu jeder Tages- und Nachtstunde *nein* gesagt haben. Gerade die Grausamkeit des Feindes trieb uns an die äußersten Grenzen unseres Menschseins und zwang uns dazu, uns jene Fragen zu stellen, die man in Friedenszeiten umgeht: alle von uns – und welcher Franzose war nicht das eine oder andere Mal in dieser Lage –, die einige Einzelheiten über die Résistance wußten, fragten sich voller Angst: «Wenn man mich foltert, werde ich durchhalten?» So stellte sich die eigentliche Frage der Freiheit, und wir standen am Rande der tiefsten Erkenntnis, die der Mensch von sich haben kann. Denn das Geheimnis eines Menschen ist nicht sein Ödipus- oder sein Minderwertigkeitskomplex, es ist die eigentliche Grenze seiner Freiheit; es ist seine Widerstandskraft gegen Martern und Tod. Denen, die im Untergrund arbeiteten, brachten die Umstände ihres Kampfes eine neue Erfahrung: sie kämpften nicht offen wie Soldaten; in der Einsamkeit verfolgt, in der Einsamkeit verhaftet, widerstanden sie den Folterungen in völliger Verlassenheit und Wehrlosigkeit: allein und nackt vor gutrasierten, gutgenährten, gutgekleideten Peinigern, die sich über ihr armseliges Fleisch lustig machten und denen ein befriedigtes Gewissen, eine maßlose gesellschaftliche Macht allen Anschein gaben, recht zu haben. Doch in ihrer tiefsten Einsamkeit verteidigten sie die anderen, alle anderen, alle Widerstandskameraden; ein einziges Wort genügte, zehn, hundert Verhaftungen herbeizuführen. Ist diese totale Verantwortung in der totalen Einsamkeit nicht die eigentliche Enthüllung unserer Freiheit? Diese Verlassenheit, diese Einsamkeit, dieses sehr große Risiko waren für alle dieselben, für die Anführer wie für die Gemeinen; für diejenigen, die Botschaften bei sich trugen, deren Inhalt sie nicht kannten, wie für diejenigen, die über den ganzen Widerstand entschieden, gab es ein und dieselbe Vergeltung: Gefängnishaft, Verschleppung, Tod. Es gibt keine Armee auf der Welt, wo man eine ähnliche Gleichheit der Risiken für den Soldaten und den Generalissimus antrifft. Und deshalb war die Résistance eine wirkliche Demokratie: für den Soldaten wie für den Anführer dieselbe Gefahr, dieselbe Verantwortung, dieselbe absolute Freiheit in der Disziplin. So ist in Dunkel und Blut die stärkste aller Republiken entstanden. Jeder ihrer Bürger wußte, daß er allen verpflichtet war und daß er nur auf sich zählen konnte; jeder von ihnen erfüllte in der völligen Verlassenheit seine geschichtliche Rolle. Gegen die Unterdrücker unternahm jeder von ihnen, unwiderruflich er selber zu sein, und dadurch, daß er sich in seiner Freiheit selbst wählte, wählte er die Freiheit aller. Diese Republik ohne Institutionen, ohne Armee, ohne Polizei mußte jeder Franzose erobern und jeden Augenblick gegen den Nazismus behaupten. Heute stehen wir am Anfang einer neuen Republik. Ist nicht zu wünschen, daß diese Republik im Tageslicht die strengen Tugenden der Republik des Schweigens und der Nacht bewahrt?

September 1944

Paris unter der Besatzung

Bei ihrer Ankunft in Paris waren viele Engländer und Amerikaner überrascht darüber, uns nicht so mager vorzufinden, wie sie gedacht hatten. Sie sahen elegante Kleider, die anscheinend neu waren, Sakkos, die von weitem noch anständig wirkten; selten begegneten sie jener Blässe des Gesichts, jenem physiologischen Elend, die gemeinhin für Entkräftung sprechen. Enttäuschte Fürsorge verwandelte sich in Groll: ich fürchte, sie nahmen es uns ein wenig übel, daß wir nicht ganz dem pathetischen Bild entsprachen, das sie sich vorher schon von uns gemacht hatten. Vielleicht fragten sich manche von ihnen insgeheim, ob die Besatzungszeit wirklich so schrecklich gewesen war, ob Frankreich letztlich die Niederlage nicht als eine Chance betrachten mußte, die es aus dem Spiel gebracht hatte und die es ihm ermöglichen würde, seinen Platz als Großmacht wiederzufinden, ohne ihn durch große Opfer verdient zu haben; vielleicht dachten sie, wie der *Daily Express*, daß die Franzosen, verglichen mit den Engländern, während dieser vier Jahre so schlecht nicht gelebt hätten.

An diese möchte ich mich wenden. Ich möchte ihnen erklären, daß sie sich täuschen, daß die Besatzungszeit eine schreckliche Prüfung war, daß es nicht sicher ist, ob Frankreich sich davon erholen kann, und daß es keinen Franzosen gibt, der nicht oft seine englischen Alliierten um ihr Schicksal beneidet hat. Aber im Augenblick, wo ich anfange, empfinde ich die ganze Schwierigkeit meiner Aufgabe. Einmal schon habe ich diese Verlegenheit erlebt. Ich kehrte aus der Kriegsgefangenschaft zurück und wurde nach dem Leben der Kriegsgefangenen ausgefragt: wie sollte ich die Atmosphäre der Lager denjenigen spürbar machen, die nicht darin gelebt hatten? Durch einen falschen Ton, einen falschen Zungenschlag hätte entweder alles völlig düster oder aber völlig heiter und fröhlich erscheinen können! Die Wahrheit lag nicht einmal in dem, was man die «Mitte» nennt. Sie wiederzugeben erforderte viel Erfindungsgabe und Kunst, sie zu verstehen viel guten Willen und Phantasie. Heute stehe ich vor einem ähnlichen Problem: wie soll ich den Bewohnern der Länder, die frei geblieben sind, greifbar machen, was die Besatzungszeit war? Zwischen uns liegt ein Abgrund, der nicht durch Wörter überbrückt werden kann. Die Franzosen, die untereinander von den Deutschen, von der Gestapo, von der Résistance, vom schwarzen Markt sprechen, verstehen einander mühelos; aber deshalb, weil sie dieselben Ereignisse erlebt haben, weil sie voll derselben Erinnerungen sind. Engländer und Franzosen haben keine gemeinsame Erinnerung mehr; alles, was London in Stolz erlebt hat, das hat Paris in Verzweiflung und Schmach erlebt. Wir werden lernen müssen, ohne Leidenschaft über uns zu sprechen, Sie werden lernen müssen, unsere Stimme zu verstehen und jenseits der Worte alles zu erfassen, was sich lediglich andeuten läßt, alles, was eine Geste oder ein Schweigen bedeuten kann.

Wenn ich dennoch versuche, die Wahrheit erahnbar zu machen, gerate ich in neue Schwierigkeiten: die Besetzung Frankreichs war ein riesiges gesellschaftliches Phänomen, das fünfunddreißig Millionen menschlicher Wesen betraf. Wie kann ich in ihrer aller Namen sprechen? Die kleinen Städte, die großen Industriezentren, die ländlichen Gebiete haben verschiedene Schicksale erfahren. Das eine Dorf hat niemals Deutsche gesehen, in einem anderen waren sie vier Jahre lang einquartiert. Da ich vor allem in Paris gelebt habe, werde ich mich darauf beschränken, die Besatzungszeit in Paris zu beschreiben. Beiseite lassen werde ich die körperlichen Leiden, die Hungersnot, die wirklich vorhanden, aber versteckt war, das Absinken unserer Lebenskraft, das Fortschreiten der Tuberkulose: diese Unglücksfälle, deren Ausmaß eines Tages die Statistiken offenbaren werden, sind schließlich nicht ohne Entsprechung in England; der Lebensstandard ist dort drüben sicherlich spürbar höher geblieben als unserer, aber Sie haben die Bombenangriffe gehabt, die V 1, die militärischen Verluste: wir kämpften gar nicht. Doch es gibt andere Prüfungen; über die will ich schreiben, ich will versuchen, die Art und Weise zu zeigen, wie die Pariser die Besatzungszeit *empfunden* haben.

Zunächst müssen wir uns von den Bilderbogenvorstellungen freimachen: nein, die Deutschen liefen nicht mit der Waffe in der Faust durch die Straßen; nein, sie zwangen nicht die Zivilisten, ihnen auszuweichen, vor ihnen von den Gehsteigen hinunterzugehen; in der Metro boten sie ihren Platz alten Frauen an, ließen sich gerne von Kindern rühren und tätschelten ihnen die Wange; man hatte ihnen gesagt, sie sollten korrekt auftreten, und sie traten korrekt auf, schüchtern und bemüht, aus Disziplin; manchmal bekundeten sie sogar einen naiven guten Willen, der ungenutzt blieb. Und stellen Sie sich bitte bei den Franzosen auch nicht irgendeinen tödlich-verächtlichen Blick vor. Die überwiegende Mehrheit der Bevölkerung enthielt sich zwar jeglicher Berührung mit dem deutschen Heer. Aber man darf nicht vergessen, daß die Besatzungszeit *täglich* war. Jemand, den man danach fragte, was er unter dem Revolutionsterror gemacht habe, antwortete: «Ich habe gelebt ...» Eine solche Antwort könnten wir heute alle geben. Vier Jahre hindurch haben wir gelebt, und die Deutschen lebten auch mitten unter uns, untergetaucht im gleichförmigen Leben der großen Stadt. Nicht ohne Lächeln habe ich ein Foto in *La France libre* sehen können, das mir dieser Tage gezeigt wurde: es stellt einen deutschen Offizier mit Stiernacken und breiten Schultern dar, der in einem Auslagekasten an den Seinequais wühlt, unter dem kalten und traurigen Blick eines kleinen alten Bouquinisten mit echt französischem Spitzbärtchen. Der Deutsche macht sich breit, er scheint seinen mageren Nachbarn aus dem Rahmen zu drängen. Unter dem Bild erklärt uns eine Legende: «Der Deutsche entweiht die Seinequais, die einst Dichtern und Träumern gehörten.» Ich behaupte nicht, daß das Foto getrickst ist; doch es ist nur ein Foto, ein willkürlicher Ausschnitt. Das Auge erfaßt ein weiteres Blickfeld: der Fotograf seinerseits sah Hunderte von Franzosen, die in Dutzenden von Kästen wühlten, und einen einzigen Deutschen, winzig klein innerhalb dieser allzu umfassenden Kulisse, einen einzigen Deutschen, der in einem alten Buch blätterte, einen Träumer, vielleicht einen Dichter – jedenfalls eine harmlose Figur. Diesen ganz harmlosen Anblick boten uns jeden Moment die Soldaten, die durch die Straßen schlenderten. Die Menge tat sich um ihre Uniformen auf und schloß sich wieder – Uniformen, deren verschossenes Grün einen blassen und bescheidenen, fast erwarteten Fleck inmitten der dunklen Kleidung der Zivilisten bildete. Und außerdem brachten uns dieselben täglichen Notwendigkeiten mit ihnen in Tuchfühlung, dieselben kollektiven Strömungen schaukelten uns, trieben uns, rührten uns zusammen: wir drückten sie in der Metro, wir rannten in den finsteren Nächten mit ihnen zusammen. Sicherlich hätten wir sie mitleidlos umgebracht, wenn der Befehl dazu erteilt worden wäre, sicherlich behielten wir die Erinnerung an unseren Groll und an unseren Haß; doch diese Gefühle hatten eine etwas abstrakte Wendung genommen, und auf die Dauer hatte sich zwischen den Parisern und diesen Landsern, die den französischen Soldaten im Grunde so ähnlich waren, eine Art schamvoller und undefinierbarer Solidarität hergestellt. Eine Solidarität, die mit keinerlei Sympathie einherging, die vielmehr aus einer biologischen Gewöhnung bestand. Anfangs tat uns ihr Anblick weh, und dann hatte man allmählich verlernt, sie zu sehen, sie hatten einen institutionellen Charakter angenommen. Was sie vollends harmlos machte, war ihre Unkenntnis unserer Sprache. Hunderte von Malen habe ich im Café gehört, wie Pariser sich freimütig über Politik äußerten, zwei Schritte von einem einsamen Deutschen entfernt, der mit unbestimmt blickenden Augen vor einem Glas Limonade saß. Sie kamen uns mehr wie Möbel als wie Menschen vor. Wenn sie uns mit äußerster Höflichkeit anhielten, um uns nach ihrem Weg zu fragen – für die meisten von uns war das die einzige Gelegenheit, mit ihnen zu sprechen –, dann fühlten wir uns mehr gehemmt als haßerfüllt; um es mit einem Wort zu sagen: wir *waren nicht natürlich.* Wir riefen uns die Parole ins Gedächtnis, die wir uns ein für allemal gegeben hatten: nie das Wort an sie richten. Doch zur gleichen Zeit erwachte angesichts dieser verirrten Soldaten eine alte humanistische Hilfsbereitschaft in uns, eine andere Parole, die in unsere Kindheit zurückreichte und die uns gebot, einen Menschen nicht in Not zu lassen. Dann entschied man je nach Laune und Gelegenheit; man sagte: «Ich weiß nicht» oder «Nehmen Sie die zweite Straße links», und in beiden Fällen ging man, mit sich selbst unzufrieden, weg. Auf dem boulevard Saint-Germain war einmal ein Militärwagen umgekippt und auf einen deutschen Oberst gefallen. Ich habe gesehen, wie zehn Franzosen hinstürzten, um ihn zu befreien. Sie haßten die Besatzer, dessen bin ich sicher; und unter ihnen befanden sich zwei Jahre später mit Sicherheit einige Angehörige der *Forces Françaises de l'Intérieur,* die auf demselben Boulevard geschossen hätten. Aber wie denn? War dieser Mensch, der da erdrückt unter seinem Auto lag, ein Besatzer? Und was sollte man tun? Der Begriff Feind ist nur dann völlig fest und völlig klar, wenn der Feind durch eine Feuersperre von uns getrennt ist.

Dennoch gab es einen Feind – und zwar den hassenswertesten –, aber der hatte kein Gesicht. Oder zumindest sind diejenigen, die ihn gesehen haben, selten zurückgekehrt, um ihn zu beschreiben. Ich würde ihn gerne mit einem Kraken vergleichen. Im Dunkeln griff er unsere besten Leute und ließ sie verschwinden. Es schien, als fände um uns ein schweigendes Versinken statt. Eines schönen Tages rief man einen Freund an, und das Telefon klingelte lange in der leeren Wohnung; man klingelte an seiner Tür, und er machte nicht auf; wenn der Concierge die Tür aufbrach, fand man im Vorzimmer zwei aneinandergerückte Stühle und zwischen ihren Beinen Kippen von deutschen Zigaretten. Die Frauen und Mütter der Verschwundenen bezeugten, wenn sie der Verhaftung beigewohnt hatten, daß sie von sehr höflichen Deutschen abgeführt worden seien, denjenigen ähnlich, die uns auf der Straße nach ihrem Weg fragten. Und wenn sie sich in der avenue Foch oder in der rue des Saussaies nach ihrem Schicksal erkundigen wollten, empfing man sie mit Entgegenkommen, und wenn sie gingen, nahmen sie manchmal gute Worte mit. In der avenue Foch indes, in der rue des Saussaies war von den benachbarten Mietshäusern aus den ganzen Tag und spät in der Nacht Leidens- und Entsetzensgeschrei zu hören. In Paris war niemand, von dem nicht ein Verwandter oder ein Freund verhaftet, verschleppt oder erschossen worden wäre. Es schien, als gäbe es in der Stadt versteckte Löcher und als entleerte sie sich durch diese Löcher, wie befallen von einer unerfaßbaren inneren Hämorrhagie. Übrigens sprach man wenig darüber; mehr noch als die Hungersnot verheimlichte man dieses ununterbrochene Ausbluten, teils aus Vorsicht, teils aus Stolz. Man sagte: «Sie haben ihn verhaftet», und dieses «sie», ähnlich dem «sie», dessen sich manchmal die Irren bedienen, wenn sie ihre eingebildeten Verfolger benennen wollen, bezeichnete kaum Menschen: vielmehr eine Art lebendes und ungreifbares Pech, das alles, selbst das Licht, schwärzte. Nachts hörte man *sie*. Gegen Mitternacht ertönten auf der Fahrbahn die kleinen isolierten Galoppschritte der verspäteten Passanten, die vor der Sperrstunde zu Hause sein wollten, und dann herrschte Schweigen. Und man wußte, daß die einzigen Schritte, die draußen hallten, *ihre* Schritte waren. Es ist schwierig, den Eindruck spürbar zu machen, den diese menschenleere Stadt erwecken konnte, dieses Niemandsland, das vor unsere Fenster geklebt war und das allein sie bevölkerten. Die Häuser stellten niemals ganz einen Schutz dar. Die Gestapo nahm oft ihre Verhaftungen zwischen Mitternacht und fünf Uhr vor. In jedem Augenblick schien es, als könnte die Tür aufgehen und einen kalten Lufthauch, etwas Nacht und drei leutselige Deutsche mit Revolvern hereinlassen. Selbst wenn wir sie nicht benannten, selbst wenn wir nicht an sie dachten, waren sie unter uns gegenwärtig; man spürte es an einer bestimmten Art der Gegenstände, weniger uns zu gehören, fremder, kälter, in gewisser Weise öffentlicher zu sein, so als verletzte ein fremder Blick die Geborgenheit unserer Heimstätten. Morgens fand man auf den Straßen unschuldige kleine Deutsche wieder, die mit einer Aktentasche unterm Arm ihren Büros zueilten und mehr Anwälten in Uniform als Militärs ähnelten. Man versuchte, auf diesen ausdruckslosen und vertrauten Gesichtern ein wenig von der haßerfüllten Wildheit wiederzufinden, die wir uns während der Nacht vorgestellt hatten. Vergebens. Doch das Grauen schwand nicht; und das war vielleicht das qualvollste: dieses abstrakte Grauen, dem es nicht gelang, sich an jemanden zu heften. Jedenfalls ist das der erste Aspekt der Besatzungszeit: man stelle sich also dieses ständige Nebeneinander eines gespensterhaften Hasses und eines allzu vertrauten Feindes vor, den zu hassen einem nicht gelingt.

Es hatte noch viele andere Ursachen, dieses Grauen. Aber bevor ich weitergehe, gilt es, ein Mißverständnis zu vermeiden: man darf es sich nicht als eine erschütternde und lebhafte Empfindung vorstellen. Wie ich bereits gesagt habe: *wir haben gelebt*. Das bedeutet, daß man arbeiten, essen, plaudern, schlafen, manchmal sogar lachen konnte – auch wenn das Lachen recht selten war. Das Grauen schien draußen, in den Dingen zu sein. Einen Augenblick konnte man sich davon ablenken, konnte sich für ein Buch, ein Gespräch, ein Geschäft begeistern; aber stets kam man darauf zurück und merkte, daß es uns nicht verlassen hatte. Still und stetig, fast verschwiegen, färbte es unsere Träumereien wie auch unsere ganz praktischen Gedanken. Es war zugleich das Grundgewebe unseres Bewußtseins und der Sinn der Welt. Heute, wo es geschwunden ist, sehen wir darin nur noch ein Element unseres Lebens; aber als wir darin steckten, war es so vertraut, daß wir es manchmal für die natürliche Tönung unserer Stimmungen hielten. Wird man mich verstehen, wenn ich zugleich sage, daß es unerträglich war und daß wir sehr gut damit zurechtkamen?

Wie es heißt, werden manche Irre von dem Gefühl beherrscht, daß ein schreckliches Ereignis ihr Leben um und um gewälzt hat. Und wenn sie verstehen wollen, was ihnen den so starken Eindruck eines Bruchs zwischen ihrer Vergangenheit und ihrer Gegenwart vermittelt, finden sie nichts, ist nichts geschehen. Das etwa war unser Fall. In jedem Augenblick spürten wir, daß eine Verbindung zur Vergangenheit abgerissen war. Die Traditionen waren unterbrochen, die Gewohnheiten ebenfalls. Und wir begriffen schlecht den Sinn dieser Veränderung, den die Niederlage selber nicht gänzlich erklärte. Heute sehe ich, was es war: Paris war tot. Keine Autos, keine Passanten mehr – nur zu bestimmten Stunden in bestimmten Stadtvierteln. Man lief zwischen Steinen umher; es schien, als wären wir die Vergessenen eines ungeheuren Exodus. Etwas Provinzleben hatte sich an den Ecken der Hauptstadt festgesetzt; ein prunkvolles und regloses Stadtskelett blieb übrig, zu lang und zu breit für uns: zu breit die Straßen, die der Blick bis ins Unendliche verfolgte, zu groß die Entfernungen, zu weitläufig die Ausblicke: man verlor sich darin, die Pariser blieben zu Hause oder führten ein Stadtviertelleben, aus Angst davor, zwischen den strengen großen Palästen zu verkehren, die jeder Abend in völlige Finsternis tauchte. Hier muß man sich abermals vor Übertreibung hüten: viele unter uns liebten die bürgerliche Stille, den veralteten Reiz, den diese blutleere Hauptstadt bei Mondschein gewann; aber selbst ihr Vergnügen war von Bitterkeit getönt: was gibt es Bittereres, als auf *seiner* Straße, um *seine* Kirche, *sein* Bürgermeisteramt spazierenzugehen und dabei dieselbe schwermütige Freude zu genießen wie bei der Besichtigung des Kolosseums oder des Parthenons im Mondschein. Alles war Ruine: unbewohnte Häuser im sechzehnten Arrondissement mit geschlossenen Fensterladen, beschlagnahmte Hotels und Kinos, erkennbar an weißen Gittern, gegen die man plötzlich stieß, für die Dauer des Krieges geschlossene Lokale und Geschäfte, deren Besitzer verschleppt, tot oder verschollen waren, Sockel ohne Standbilder, Gartenanlagen, durch Straßensperren zerrissen oder durch Stahlbetonbunker entstellt, und all die verstaubten großen Buchstaben auf den Häusern oben, Leuchtreklamen, die nicht mehr angingen. Auf den Ladenfenstern waren Reklamen zu lesen, die auf Grabsteine geschrieben schienen: Sauerkraut zu jeder Zeit; Wiener Gebäck; Wochenende in Le Touquet; Alles fürs Auto. Das kannten wir, werden Sie sagen. Auch in London gab es Verdunkelung und Rationierung. Ich weiß: aber diese Veränderungen in Ihrem Leben hatten nicht dieselbe Bedeutung wie unsere. Das verstümmelte London blieb, auf Sparflamme, die Hauptstadt Englands, Paris war nicht mehr die Hauptstadt Frankreichs. Früher führten alle Straßen, alle Schienen nach Paris; der Pariser war zu Hause mitten in Frankreich, mitten in der Welt. Am Horizont all seiner Sehnsüchte, all seiner Lieben waren New York, Madrid, London. Ernährt vom Périgord, von der Beauce, vom Elsaß, von den Fischereigründen des Atlantiks, war die Hauptstadt nicht, wie das antike Rom, eine Schmarotzerstadt; sie regelte Austausch und Leben der Nation, sie verarbeitete die Rohprodukte, sie war die Drehscheibe Frankreichs. Mit dem Waffenstillstand änderte sich alles: die Teilung des Landes in zwei Zonen schnitt Paris von den ländlichen Gebieten ab; die Küsten der Bretagne und der Normandie wurden zu Sperrzonen; ein Betonwall trennte Frankreich von England, von Amerika. Blieb Europa: aber

Europa war ein Wort, das Grauen erregte, es bedeutete Knechtschaft; die Stadt der Könige hatte auch noch ihre politische Funktion eingebüßt, eine Gespensterregierung in Vichy hatte sie ihr geraubt. Frankreich, durch die Besetzung in geschlossene Provinzen aufgeteilt, hatte Paris vergessen. Die Stadt war nur noch eine flache nutzlose Ortschaft, wo die Erinnerungen an ihre Größe spukten und die in Abständen durch Spritzen unterstützt wurde. Sie verdankte ihr schleppendes Leben der Anzahl von Güter- und Lastwagen, welche die Deutschen jede Woche hineinzulassen beschlossen. Verzog Vichy ein wenig das Gesicht, mußte Laval an den Ohren gezogen werden, damit er Arbeiter nach Berlin lieferte – sofort wurden die Spritzen abgesetzt. Paris verkümmerte und gähnte vor Hunger unter dem leeren Himmel. Abgeschnitten von der Welt, aus Mitleid oder aus Berechnung ernährt, hatte es nur noch ein abstraktes und symbolisches Dasein. Tausendmal haben die Franzosen im Laufe dieser vier Jahre in den Auslagen der Gemischtwarenläden Flaschen mit Saint-Émilion oder mit Meursault in dichten Reihen gesehen. Angelockt traten sie näher, mußten aber auf einem Schild lesen: ATTRAPPEN. So auch Paris: es war nur noch eine Auslage mit Attrappen. Alles war hohl und leer: der Louvre ohne Bilder, die Kammer ohne Abgeordnete, der Senat ohne Senatoren, das Montaigne-Gymnasium ohne Gymnasiasten. Das künstliche Dasein, das die Deutschen darin noch aufrechterhielten, die Theateraufführungen, die Rennen, die elenden und makabren Feste hatten lediglich den Zweck, der Welt zu zeigen, daß Frankreich heil sei, da Paris noch lebe. Eine seltsame Folge der Zentralisierung. Auch die Engländer hatten, während sie Lorient, Rouen oder Nantes unter ihren Bomben begruben, beschlossen, Paris zu schonen. So genossen wir in dieser agonierenden Stadt eine symbolische Totenruhe. Um diese Insel herum regnete es Eisen und Feuer; aber ebensowenig, wie es uns erlaubt war, die Mühsal unserer Provinzen zu teilen, hatten wir noch das Recht, ihr Leid zu teilen. Ein Symbol: diese arbeitsame und jähzornige Stadt war nur noch ein Symbol. Wir blickten einander an und fragten uns, ob wir nicht unsererseits zu Symbolen geworden seien.

Vier Jahre hindurch hatte man uns unsere Zukunft geraubt. Man mußte auf die anderen zählen. Und für die anderen waren wir nur ein *Objekt*. Zwar bekundeten uns der englische Rundfunk und die englische Presse Freundschaft. Aber wir hätten sehr vermessen oder sehr naiv sein müssen, um zu glauben, daß die Engländer diesen mörderischen Krieg mit der Absicht fortführten, uns zu befreien. Mannhaft, mit den Waffen in der Hand, verteidigten sie ihre lebenswichtigen Interessen, und wir wußten genau, daß wir in ihre Berechnungen nur als ein Faktor unter anderen eingingen. Was die Deutschen betrifft, so sannen sie über das beste Mittel nach, dieses Stück Land zu dem Block «Europa» zu schlagen. Wir spürten, daß uns unser Schicksal entglitt. Frankreich glich einem Blumentopf, den man aufs Fensterbrett stellt, wenn die Sonne scheint, und den man für die Nacht hereinholt, ohne ihn nach seiner Meinung zu fragen.

Jedermann kennt jene Kranken, die unter sogenanntem «Persönlichkeitsverlust» leiden und die plötzlich auf den Gedanken kommen, daß «alle Menschen tot sind», weil sie aufgehört haben, ihre Zukunft über sich selbst hinaus zu entwerfen, und weil sie zugleich aufgehört haben, die Zukunft der anderen zu spüren. Das qualvollste war vielleicht, daß alle Pariser unter Persönlichkeitsverlust litten. Wenn es vor dem Kriege geschah, daß wir ein Kind, einen jungen Mann, eine junge Frau mit Sympathie betrachteten, dann deshalb, weil wir ihre Zukunft vorausfühlten, weil wir sie dunkel in ihren Bewegungen, in den Falten ihrer Gesichter errieten. Denn ein lebender Mensch ist vor allem ein Entwurf, ein Vorhaben. Aber die Besatzungszeit hat die Menschen ihrer Zukunft beraubt. Nie mehr sind wir mit dem Blick einem Paare gefolgt und haben versucht, uns sein Schicksal vorzustellen: wir hatten nicht mehr Schicksal als ein Nagel oder eine Türklinke. All unsere Handlungen waren vorläufig, ihr Sinn war nur auf den Tag beschränkt, an dem sie unternommen wurden. Die Arbeiter arbeiteten in der Fabrik von einem Tag auf den anderen: tags darauf konnte der Strom fehlen, Deutschland konnte seine Rohstofflieferungen einstellen, unvermittelt konnte man beschließen, sie nach Bayern oder in die Pfalz zu verschleppen; die Studenten bereiteten sich auf ihre Prüfungen vor, aber wer hätte zuzusichern gewagt, daß sie sich ihnen würden stellen können? Wir betrachteten einander, und es schien, als sähen wir Tote. Diese Entmenschlichung, diese Versteinerung des Menschen waren so unerträglich, daß viele sich in die Résistance warfen, um ihr zu entgehen, um wieder eine Zukunft zu bekommen. Eine seltsame Zukunft, versperrt durch Qualen, durch Gefängnis, durch Tod, aber eine Zukunft, die wir zumindest mit unseren eigenen Händen erschufen.[1] Doch die

1 Wenn es eine Entschuldigung oder doch eine Erklärung für die «Kollaboration» zu finden gälte, dann müßte man sagen, daß auch sie eine Bemühung war, Frankreich wieder eine Zukunft zu geben.

Résistance war nur eine individuelle Lösung, und wir haben es stets gewußt: auch ohne sie hätten die Engländer den Krieg gewonnen, auch mit ihr hätten sie ihn verloren, wenn sie ihn hätten verlieren müssen. In unseren Augen hatte sie vor allem einen symbolischen Wert; und deswegen waren viele Résistanceangehörige verzweifelt: immer Symbole. Eine symbolische Rebellion in einer symbolischen Stadt; einzig die Folterungen waren echt.

So fühlten wir uns außerhalb des Spiels. Dieser Krieg, den wir nicht mehr führten – wir erlebten die Schmach, ihn nicht zu verstehen. Von weitem sahen wir, wie die Engländer und die Russen sich der deutschen Taktik anpaßten, während wir noch über unsere Niederlage von 1940 sinnierten; sie war zu rasch gewesen, und wir hatten nichts gelernt. Wer uns ironisch dazu beglückwünscht, dem Krieg entgangen zu sein, der macht sich keine Vorstellung davon, mit welchem Eifer die Franzosen gerne den Kampf wieder-aufgenommen hätten. Tag für Tag sahen wir unsere Städte zerstört, unsere Reichtümer zunichte gemacht; unsere Jugend kümmerte dahin, drei Millionen der Unseren verkamen in Deutschland, die Geburtenziffer in Frankreich sank. Welche Schlacht wäre zerstörerischer gewesen? Aber die Opfer, die wir gerne gebracht hätten, wenn sie unseren Sieg hätten beschleunigen sollen, hatten keinerlei Sinn und dienten zu nichts oder dienten den Deutschen. Und das wird vielleicht jedermann verstehen: schrecklich ist nicht, zu leiden oder zu sterben, sondern umsonst zu leiden, zu sterben.

In der absoluten Verlassenheit geschah es, daß wir alliierte Flieger über unsere Köpfe hinwegfliegen sahen. Unsere Lage war derart paradox, daß die Sirene sie uns als Feinde ankündigte. Die Befehle waren deutlich: man mußte die Büros verlassen, die Geschäfte schließen und in die Luftschutzräume gehen. Wir gehorchten nie: wir blieben, die Nase in der Luft, auf den Straßen. Und in diesem Ungehorsam darf man kein eitles Aufbegehren oder ein törichtes Zurschaustellen von Mut sehen: wir blickten verzweifelt zu den einzigen Freunden hoch, die uns blieben. Der junge Pilot in seiner Maschine, die über unsere Köpfe hinwegflog, war mit England, mit Amerika durch unsichtbare Bande verknüpft, eine ganze unermeßliche und freie Welt erfüllte den Himmel. Doch die einzigen Botschaften, die er brachte, waren Todesbotschaften. Nie wird man wissen, welchen Glauben an unsere Verbündeten wir aufbringen mußten, um sie weiterhin zu lieben, um *mit ihnen* die Zerstörungen *zu wollen*, die sie auf unserem Boden anrichteten, um trotz allem ihre Bomber als das Gesicht Englands zu begrüßen. Wenn die Bomben ihr Ziel verfehlten, auf eine Stadtsiedlung fielen, zerbrach man sich den Kopf, um Entschuldigungen zu finden; manchmal beschuldigte man sogar die Deutschen, sie abgeworfen zu haben, um uns gegen die Engländer aufzubringen, oder mit Absicht zu spät Alarm gegeben zu haben. Während der Zeit der schweren Bombenangriffe verbrachte ich ein paar Tage in Le Havre, in der Familie eines meiner Kameraden aus der Kriegsgefangenschaft. Den ersten Abend saßen wir um das Radio, der Hausvater drehte mit naiver und rührender Feierlichkeit an den Knöpfen des Apparats; man hätte meinen können, er zelebriere die Messe. Und als die BBC ihre ersten Nachrichten sendete, hörten wir ein fernes Brummen von Flugzeugen. Wir wußten genau, daß sie ihre Bomben auf uns abwerfen würden; ich werde lange nicht die Mischung aus Grauen und Ekstase vergessen, mit der eine der Frauen halblaut sagte: «Da sind die Engländer!» Und eine Viertelstunde lang lauschten sie, ohne sich von ihren Stühlen zu bewegen, beim ganz nahen Lärm der Explosionen, auf die Stimme Londons; ihnen war, als wäre sie gegenwärtiger und als verliehen ihr die Geschwader, die über unseren Kopf hinwegflogen, Körperlichkeit. Aber diese Glaubensakte erforderten eine ständige Anspannung; sie erforderten oft, daß man die Entrüstung in sich zum Schweigen brachte. Wir haben sie zum Schweigen gebracht, als Lorient dem Erdboden gleichgemacht, als das Stadtzentrum von Nantes zerstört, als der Kern von Rouen getroffen wurde. Vielleicht errät man die Anstrengungen, die es zu unternehmen galt. Manchmal war der Zorn stärker – und dann brachte man ihn zur Vernunft wie eine Leidenschaft. Ich erinnere mich, daß der Zug, der mich im Juli 1944 aus Chantilly zurückbrachte, mit Maschinengewehren beschossen wurde. Es war ein völlig harmloser Vorortzug; drei Flugzeuge flogen vorbei; innerhalb weniger Sekunden gab es im vordersten Wagen drei Tote und zwölf Verwundete. Die Reisenden standen auf der Strecke und sahen die Tragbahren und die grünen Bänke vorbeikommen, die man auf den Bahnsteigen des benachbarten Bahnhofs geholt hatte, weil es an Krankentragen zum Wegbringen der Körper fehlte. Man war blaß vor Erregung und Zorn. Man beschimpfte Sie, man warf Ihnen vor, Sie seien unmenschlich und barbarisch: «Was müssen sie kommen und einen schutzlosen Zug angreifen? Gibt es nicht genug Befestigungswerke auf der anderen Rheinseite? Sollen sie doch über Berlin fliegen! Aber da haben sie Angst vor der Flak usw.» Dann fand jemand plötzlich die Erklärung: «So hören Sie doch zu: üblicherweise zielen sie auf die Maschine, das verwundet niemand. Nur, heute ist die Lokomotive hinten angehängt worden; da haben sie auf den vordersten Wagen geschossen. Bedenken Sie doch: bei der Geschwindigkeit haben sie die Veränderung nicht bemerkt.» Sogleich schwiegen alle: die Leute waren erleichtert, weil der Pilot keinen unverzeihlichen Fehler begangen hatte, weil wir Sie weiterhin lieben konnten. Aber diese Versuchung, Sie zu hassen, gegen die es so oft anzukämpfen galt, war nicht unser geringstes Unglück. Und ich kann bezeugen, daß an den Tagen, wo wir unter den ironischen Blicken der Deutschen, unserer Besieger, den Rauch der Brände betrachteten, die Sie an den Toren der Stadt entzündet hatten, unsere Einsamkeit vollständig war.

Doch wir wagten nicht, uns zu beklagen: wir hatten ein schlechtes Gewissen. Diese geheime Scham, die uns quälte, habe ich zuerst in der Kriegsgefangenschaft kennengelernt. Die Gefangenen waren unglücklich, aber es gelang ihnen nicht, sich zu bemitleiden. «Na schön», sagten sie, «und was wird man uns vorhalten, wenn wir zurückkehren?» Ihre Leiden waren dürr und bitter, vergiftet von dem Gefühl, sie verdient zu haben. Sie schämten sich vor Frankreich. Aber Frankreich schämte sich vor der Welt. Es ist angenehm, ein wenig sich selbst zu beweinen. Aber wie hätten wir Mitleid für uns selbst finden können, als wir von der Verachtung der anderen umringt waren. Die Polen in meinem «Stalag» machten uns gegenüber kein Hehl aus ihrer Verachtung, die Tschechen warfen uns vor, sie 1938 im Stich gelassen zu haben; mir ist erzählt worden, ein entflohener Russe, den ein Gendarm im Anjou versteckt hielt, habe mit einem gutmütigen Lächeln über uns gesagt: «Franzosen, Karnickel! Karnickel!» Auch Sie sind nicht immer sanft gewesen, und ich erinnere mich an eine bestimmte Rede von Marschall Smuts, die wir uns schweigend anhören mußten. Danach freilich waren wir versucht, auf unserer Erniedrigung zu bestehen, sie zu vergrößern. Vielleicht hätten wir uns rechtfertigen können. Schließlich haben die drei größten Mächte der Welt vier Jahre dazu gebraucht, Deutschland niederzukämpfen; war es nicht natürlich, daß wir dem ersten Aufprall wichen, wir, die wir ihn als einzige ertrugen? Aber wir dachten nicht daran, uns zu rechtfertigen: die Besten von uns sind in die Résistance eingetreten aus dem Bedürfnis, Frankreich zu erlösen. Die anderen blieben zögernd und beklommen; sie käuten ihren Minderwertigkeitskomplex wieder. Meinen Sie nicht auch, der schlimmste Schmerz sei derjenige, den man erleidet, ohne ihn als unverdient einschätzen, ohne ihn aber auch als Erlösung nehmen zu können?

Doch sobald wir uns der Reue überlassen wollten, hielten uns die Vichy-Leute und die Kollaborateure zurück, weil sie versuchten, uns dazu zu treiben. Die Besatzung war nicht nur die ständige Gegenwart der Sieger in unseren Städten: sie war auch – auf allen Wänden, in den Zeitungen – dieses schmutzige Bild, das sie uns von uns selbst geben wollten. Die Kollaborateure versuchten zunächst, uns bei unserer Ehrlichkeit zu packen. «Wir sind besiegt», sagten sie, «zeigen wir uns als gute Verlierer: erkennen wir unsere Fehler.» Und sogleich danach: «Geben wir zu, daß der Franzose leichtsinnig, unbesonnen, großsprecherisch, egoistisch ist, daß er nichts von fremden Völkern versteht, daß der Krieg unser Land in voller Zersetzung überrascht hat.» Humoristische Plakate machten unsere letzten Hoffnungen lächerlich. Gegen soviel Niedrigkeit und so grobe Hinterlist begehrten wir auf; wir hatten Lust, auf uns stolz zu sein. Aber, ach, kaum hoben wir den Kopf, da entdeckten wir in uns die wahren Beweggründe für unsere Reue. So lebten wir in der schlimmsten Bestürzung, unglücklich, ohne zu wagen, es uns zu sagen, beschämt und angewidert von der Scham. Um das Unglück vollzumachen, konnten wir keinen Schritt tun, konnten wir nicht essen, nicht einmal atmen, ohne uns zu Komplizen der Besatzer zu machen. Die Pazifisten hatten uns vor dem Kriege mehr als einmal erklärt, ein erobertes Land müsse es ablehnen, zu kämpfen, und passiven Widerstand leisten. Das ist leicht gesagt: aber um diesen Widerstand wirksam zu machen, hätte der Eisenbahner sich weigern müssen, seinen Zug zu fahren, der Bauer sich weigern müssen, sein Feld zu bearbeiten: der Sieger wäre vielleicht gestört worden, obwohl er sich auf seinem eigenen Boden hätte versorgen können – aber die besetzte Nation hätte sich die Gewähr gegeben, innerhalb kürzester Frist insgesamt unterzugehen. Also galt es zu arbeiten, der Nation einen Anschein von wirtschaftlicher Organisation zu erhalten, ihr trotz der Zerstörungen und Plünderungen ein Lebensminimum zu gewährleisten. Die geringste Aktivität schon diente dem Feinde, der sich auf uns niedergelassen hatte, seine Saugnäpfe auf unsere Haut klebte und in Symbiose mit uns lebte. In unseren Adern bildete sich kein Tropfen Blut, von dem er nicht seinen Anteil nahm. Es ist viel von «Kollaborateuren» gesprochen worden, und freilich gab es unter uns echte Verräter: wir schämen uns ihrer nicht; jede Nation hat ihre Hefe, jene Randgruppen von Gescheiterten und Verbitterten, die einen Augenblick von Katastrophen und Revolutionen profitieren; die Existenz von Quisling oder Laval in einer nationalen Gruppierung ist eine *normale* Erscheinung, wie die Selbstmord- oder die Kriminalitätsrate. Anormal aber schien uns die Lage des Landes, das insgesamt kollaborativ war. Die Untergrundkämpfer, unser Stolz, arbeiteten nicht für den Feind; aber die Bauern mußten, wenn sie sie ernähren wollten, weiterhin Vieh züchten, wovon die Hälfte nach Deutschland ging. Jede unserer Handlungen war doppeldeutig: wir wußten nie, ob wir uns völlig tadeln oder uns völlig beipflichten sollten; ein verstecktes Gift vergiftete unsere besten Unternehmungen. Ich will nur ein Beispiel geben: die Eisenbahner, Heizer wie Zugführer, waren bewundernswert. Ihre Kaltblütigkeit, ihr Mut und oft ihre Selbstverleugnung haben Hunderte von Leben gerettet, haben Lebensmitteltransporten ermöglicht, Paris zu erreichen. Größtenteils waren sie Widerstandskämpfer und haben es bewiesen. Doch der Eifer, mit dem sie unser Material verteidigten, diente der deutschen Sache: diese auf wunderbare Weise erhaltenen Lokomotiven konnten von einem Tag auf den anderen beschlagnahmt werden; zu den Menschenleben, die sie erhalten hatten, mußten diejenigen der Militärs gerechnet werden, die nach Le Havre oder Cherbourg fuhren; die Lebensmittelzüge führten auch Kriegsmaterial mit. So standen diese Männer, einzig darum bemüht, ihren Landsleuten zu dienen, durch die Macht der Umstände auf der Seite unserer Feinde gegen unsere Freunde; und wenn Pétain ihnen eine Medaille an die Brust heftete, dann war es Deutschland, das sie ehrte. Von Anfang bis Ende des Krieges haben wir unsere Handlungen nicht *wiedererkannt*, haben wir ihre Folgen nicht für gewollt erklären können. Das Falsche war überall, jede Wahl war falsch, und dennoch mußte man wählen, und wir waren verantwortlich; jeder unserer Herzschläge trieb uns in eine Schuld, vor der uns graute.

Vielleicht hätten wir die abscheuliche Verfassung, auf die wir beschränkt waren, besser ertragen, wenn wir gegen Vichy jene Einheit hätten verwirklichen können, die Vichy unablässig forderte. Aber es stimmt nicht, daß Unglück einander näherbringt. Zunächst zerstreute die Besatzung die Familien in alle vier Himmelsrichtungen. Da hatte ein Pariser Industrieller seine Frau und seine Tochter in der unbesetzten Zone zurückgelassen und konnte sie – zumindest während der ersten beiden Jahre – weder wiedersehen, noch konnte er ihnen schreiben, es sei denn Postkarten; sein älterer Sohn war Gefangener in einem «Oflag», sein jüngerer Sohn hatte sich zu de Gaulle geschlagen. Paris war von Abwesenden bevölkert, und das ist vielleicht keiner der geringsten Aspekte unserer Lage, dieser Kult der Erinnerung, den wir vier Jahre hindurch getrieben haben und der somit, über unsere fernen Freunde, einer verschwundenen Freude am Leben, einem verschwundenen Stolz auf das Leben galt. Trotz unserer Bemühungen verblaßten die Erinnerungen mit jedem Tage mehr, die Gesichter erloschen eines ums andere. Es ist viel über die Gefangenen gesprochen worden und dann weniger und immer weniger; nicht daß man aufgehört hätte, an sie zu denken: aber erst waren sie schmerzensreiche festumrissene Gestalten in uns gewesen, und dann wurden sie leere klaffende Stellen; sie waren allmählich eins mit unserer Blutarmut, sie fehlten uns wie Fett, Zucker oder Vitamine, auf dieselbe totale und undifferenzierte Art und Weise. Auf ähnliche Weise schwanden der Geschmack von Schokolade oder Gänseleber, die Erinnerung an bestimmte strahlende Tage, an einen 14. Juli auf dem Bastilleplatz, an einen schwärmerischen Spaziergang, an einen Abend am Meer, an die Größe Frankreichs: unsere Ansprüche schrumpften mit unserem Gedächtnis, und da man sich mit allem abfindet, so erlebten wir die Schmach, uns mit unserem Elend abzufinden, mit dem Fraß, den man uns vorsetzte, den winzigen Freiheiten, über die wir noch verfügten, unserer inneren Dürre. Mit jedem Tage vereinfachten wir uns mehr, und schließlich sprachen wir nur noch über Ernährung, weniger vielleicht aus Hunger oder aus Angst vor dem nächsten Tag als deshalb, weil die Suche nach Nahrungs-«Gelegenheiten» die einzige Unternehmung war, die in unserer Reichweite geblieben war.

Und außerdem weckte die Besatzung alte Streitigkeiten, verschlimmerte sie die Zwistigkeiten, welche die Franzosen trennten. Die Teilung Frankreichs in eine nördliche und eine südliche Zone ließ die alte Rivalität zwischen Paris und der Provinz, zwischen Nord- und Südfrankreich wiederaufleben. Die Einwohner von Clermont-Ferrand und von Nizza beschuldigten die Pariser, mit dem Feinde zu paktieren; die Pariser ihrerseits warfen den Franzosen der nichtbesetzten Zone vor, «Weichlinge» zu sein und frech ihre egoistische Zufriedenheit darüber zur Schau zu stellen, daß sie nicht «besetzt» waren. So gesehen, muß man zugeben, daß die Deutschen dadurch, daß sie die Klauseln des Waffenstillstands brachen und die Besetzung auf das ganze Land ausdehnten, uns einen großen Gefallen getan haben: sie haben die Einheit der Nation wiederhergestellt. Aber viele andere Konflikte blieben: der zwischen Bauer und Stadtbewohner zum Beispiel. Die Bauern, lange durch die Verachtung verletzt, der sie sich ausgesetzt glaubten, nahmen ihre Rache und hängten den Stadtbewohnern den Brotkorb höher: die beschuldigten sie umgekehrt, den schwarzen Markt zu beschicken und die Stadtbevölkerungen auszuhungern. Die Regierung schürte den Streit durch Reden, die die Landwirte bald in den Himmel hoben und ihnen bald vorwarfen, ihre Ernteerträge zu verstecken. Die Anmaßung der Luxusrestaurants brachte die Arbeiter gegen das Bürgertum auf. In Wirklichkeit wurden diese Etablissements vor allem von Deutschen und von einer Handvoll «Kollaborateuren» besucht. Aber ihr Vorhandensein machte die gesellschaftlichen Ungleichheiten mit Händen greifbar. Desgleichen konnten die arbeitenden Klassen nicht darüber hinwegsehen, daß man vor allem unter ihnen Zwangsarbeiter aushob: das Bürgertum ist nicht oder fast nicht betroffen gewesen. War das, wie gesagt worden ist, das Ergebnis einer deutschen Machenschaft, womit Zwietracht gesät werden sollte, oder war es nicht vielmehr so, daß die Arbeiter für Deutschland nützlicher waren? Ich weiß es nicht. Aber, und das ist ein Zeichen für unsere Ungewißheit, man wußte nicht, ob man sich darüber freuen sollte, daß die Mehrheit der Studenten der Verschleppung entging, oder ob man aus Solidaritätsgefühl wünschen sollte, daß sie sich gleichermaßen auf alle Gesellschaftsschichten ausdehnte. Der Vollständigkeit halber muß schließlich erwähnt werden, daß die Niederlage den Konflikt zwischen den Generationen verschlimmerte. Vier Jahre hindurch warfen die Frontkämpfer von 1914 denen von 1940 vor, den Krieg verloren zu haben, und die von 1940 beschuldigten umgekehrt ihre Altvordern, den Frieden verloren zu haben.

Doch darf man sich beileibe kein zerrissenes Frankreich vorstellen. Die Wahrheit ist so einfach nicht. Diese Streitigkeiten erschienen vor allem als Hindernisse für ein ungeheures linkes Verlangen nach Einigung. Nie vielleicht hat es soviel guten Willen gegeben. Die jungen Leute träumten dunkel von einer neuen Ordnung, die Unternehmerschaft in ihrer Gesamtheit neigte dazu, Zugeständnisse zu machen. Überall, wenn bei einem kurzen Gedrängel zwei Metrobenutzer handgemein wurden, wenn ein ungeschickter Fußgänger und ein ungeschickter Radfahrer in einem Wortwechsel aneinandergerieten – überall ertönte dasselbe Gemurmel aus der Menge: «So eine Schande! Franzosen zanken sich untereinander! Und das vor den Augen der Deutschen!» Aber die eigentlichen Umstände der Besatzung, die Schranken, welche die Deutschen zwischen uns errichteten, die Notwendigkeiten des Untergrundkampfes hinderten in den meisten Fällen diesen guten Willen daran, nutzbar zu werden. So waren denn diese vier Jahre ein langer ohnmächtiger Traum von Einheit. Das verleiht dem jetzigen Augenblick seine angsterregende Dringlichkeit: die Schranken sind gefallen, unser Schicksal liegt in unseren Händen. Was wird siegen: die wiedererwachten alten Streitigkeiten oder dieses große Verlangen nach Solidarität? Aber Sie alle, die Sie uns von London aus anblicken, müssen wir um ein wenig Geduld bitten: die Erinnerung an die Besatzungszeit ist nicht verwischt, wir erwachen kaum erst. Wenn ich zum Beispiel an einer Straßenbiegung einem amerikanischen Soldaten begegne, zucke ich unwillkürlich jäh zusammen: ich glaube, daß es ein Deutscher ist. Und umgekehrt konnte ein deutscher Soldat, der sich in einem Keller versteckt hatte und sich, ausgehungert, ergeben wollte, vierzehn Tage nach der Befreiung ungehindert auf dem Fahrrad die Champs-Élysées hinunterfahren. Die Gewöhnung der Menge war derartig, daß sie ihn *nicht sah.* Wir brauchen zum Vergessen viel Zeit, und das Frankreich von morgen hat noch nicht sein wirkliches Gesicht gezeigt.

Aber zunächst bitten wir Sie zu verstehen, daß die Besatzung oft schrecklicher war als der Krieg. Denn im Kriege kann jeder das tun, was er als Mensch zu tun hat, während wir in dieser zweideutigen Lage wirklich weder *handeln* noch auch nur *denken* konnten. Sicherlich hat Frankreich – von der Résistance abgesehen – während dieser Zeit nicht immer Größe bewiesen. Aber zunächst muß man verstehen, daß die aktive Résistance sich notwendigerweise auf eine Minderheit beschränken mußte. Und dann scheint mir, daß diese Minderheit, die sich fest entschlossen und ohne Hoffnung dem Märtyrertum dargeboten hat, weitaus genügt, unsere Schwächen wettzumachen. Und schließlich: wenn diese Seiten Ihnen haben ermessen helfen, was unser Land in der Schmach, im Grauen und im Zorn gelitten hat, dann werden Sie, glaube ich, wie ich denken, daß es auch noch in seinen Irrtümern Anrecht auf Achtung hat.

November 1944

Die Befreiung von Paris: Eine Woche der Apokalypse

Wenn man heute nicht verkündet, daß Paris sich selbst befreit hat, gilt man als Volksfeind. Dabei scheint es offenkundig, daß die Stadt nicht einmal im Traum daran hätte denken können, sich zu erheben, wären die Alliierten nicht ganz nahe gewesen. Und da die ihrerseits nicht einmal im Traum an eine Landung hätten denken können, hätten nicht die Russen den größten Teil der deutschen Divisionen aufgehalten und geschlagen, so muß man wohl den Schluß ziehen, daß die Befreiung von Paris, als Episode eines weltweiten Krieges, das gemeinsame Werk aller alliierten Kräfte gewesen ist. Im übrigen vertreibt man nicht Leute, die von selbst weggehen, und die Deutschen hatten, als der Aufstand ausbrach, die Stadt zu räumen begonnen. Das Ziel der Résistancekämpfer war genau das umgekehrte von dem, das man ihnen derzeit unterstellt: sie haben versucht, den feindlichen Rückzug zu verlangsamen und Paris um die Truppen, die es besetzt hielten, wie eine Falle zu schließen. Und außerdem und vor allem haben sie den künftigen Siegern zeigen wollen, daß die Résistance kein Mythos war, wie das Ausland noch allzusehr zu glauben geneigt schien; den Regierungen gegenüber, die vorübergehend erwogen hatten, die befreiten Gebiete durch ihre Offiziere verwalten zu lassen, haben sie die Souveränität des französischen Volkes bekräftigen wollen, und sie haben verstanden, daß sie keine andere Möglichkeit hatten, als ihr Blut zu vergießen, wenn sie eine aus diesem Volke hervorgegangene Macht legitimieren wollten. So bezieht ihr Unterfangen seine Größe aus seinen Grenzen. Das Schicksal von Paris entschied sich fünfzig Kilometer von ihm entfernt; die deutschen und die amerikanischen Panzer sollten darüber entscheiden. Aber die Männer der Résistance wollten sich darum nicht kümmern, sie wollten nicht einmal den Ausgang des Kampfes kennen, den sie begonnen hatten. Als sie das Zeichen zum Aufstand gaben, hatten sie unbestimmbare mächtige Kräfte entfesselt, die sie von einem Augenblick zum anderen zermalmen konnten. Und eben das verlieh dieser Augustwoche das Antlitz einer antiken Tragödie. Diese Männer gedachten aber gerade die Schicksalhaftigkeit abzulehnen. Es hing nicht von ihnen ab, ob die Deutschen den Senat würden hochgehen lassen oder nicht und mit ihm ein ganzes Stadtviertel. Es hing nicht von ihnen ab, ob die zurückgezogenen Divisionen sich an Paris schadlos halten und aus unserer Stadt ein neues Warschau machen würden. Was aber von ihnen abhing, war, durch ihre Taten – und unabhängig vom Ausgang des ungleichen Kampfes, den sie begonnen hatten – den französischen Willen zu bezeugen. Deswegen lehnte es jeder von ihnen ab, seine Hoffnung anders worein als in sich selbst zu setzen. Die Pariser, die nicht kämpften, fragten sich Stunde um Stunde voller Angst, ob die alliierten Truppen nicht bald eintreffen würden. Die Kämpfenden fragten sich nie danach, und es schien sogar, als hätte eine schweigende Übereinkunft ihnen verboten, darüber zu sprechen: sie taten, was sie zu tun hatten. Als ich an einem Nachmittag jener Woche einen Freund besuchte, der in den Räumlichkeiten, die er gerade bezogen hatte, eine Zeitung der Résistance herausgab, kam jemand und machte ihn auf das Vordringen deutscher Soldaten um das Haus aufmerksam. «Wenn sie diese Nacht angriffen», sagte er zu mir, «wären wir verratzt. Es gibt nur zwei Ausgänge, die beide ausfindig gemacht worden sind.» «Haben Sie wenigstens Waffen?» Er zuckte die Achseln und antwortete mir mit «Nein». So gingen inmitten finsterer Gefahren, die sie streiften, diese Journalisten ihrer Aufgabe nach, nämlich eine Zeitung zu drucken. Über das übrige – das heißt: über das, was ihre persönliche Sicherheit betraf, ihre Aussichten, mit dem Leben davonzukommen – wollten sie nichts denken: da sie nicht mit ihren Taten darüber entscheiden konnten, meinten sie, daß nichts von alldem sie anging.

So ist denn auch der andere Aspekt des Pariser Aufstands der festliche Charakter, den er nicht eingebüßt hat. Ganze Stadtviertel hatten sich sonntäglich herausgeschmückt. Und wenn ich mich frage, was man auf diese Art und Weise feierte, so sehe ich: es war der Mensch und seine Kräfte. Es ist tröstlich, daß der Jahrestag des Pariser Aufstands so nahe an das erste Auftreten der Atombombe gefallen ist. Was sie darstellt, ist die Verneinung des Menschen. Nicht nur, weil Gefahr besteht, daß sie die gesamte Menschheit vernichtet, sondern vor allem, weil sie die menschlichsten Eigenschaften nutzlos und unwirksam macht: den Mut, die Geduld, die Intelligenz, den Unternehmungsgeist. Die Mehrzahl der *Forces Françaises de l'Intérieur* hingegen hatte im August 1944 das dunkle Gefühl, nicht nur für Frankreich gegen die Deutschen, sondern auch für den Menschen gegen die blinden Kräfte der Maschine zu kämpfen. Oft genug hatte man uns gesagt, daß die Revolutionen des 20. nicht denen des 19. Jahrhunderts ähneln könnten und daß ein Flugzeug, eine Kanone genügte, eine aufrührerische Menge niederzuwerfen. Oft genug hatte man mit uns über den Kanonengürtel gesprochen, mit dem die Deutschen Paris umgaben! Oft genug hat man uns bewiesen, daß wir nichts gegen ihre Maschinengewehre und ihre Panzer tun konnten! Doch in jenem August waren die Kämpfer, denen man auf den Straßen begegnete, junge Leute in Hemdsärmeln, als Waffen hatten sie Revolver, ein paar Gewehre, ein paar Handgranaten, Benzinflaschen; im Angesicht eines eisenstarrenden Feindes berauschten sie sich daran, die Freiheit, die Leichtigkeit ihrer Bewegungen zu fühlen; ihre minütlich erfundene Disziplin triumphierte über die angelernte Disziplin; sie ermaßen, sie ließen uns das nackte Vermögen des Menschen ermessen. Und unwillkürlich mußte man an das denken, was Malraux (in *Die Hoffnung*) die Ausübung der Apokalypse nennt. Ja, es war der Triumph der Apokalypse, jener Apokalypse, die stets von den Ordnungskräften besiegt wird und die in den engen Grenzen dieser Straßenschlacht ausnahmsweise einmal siegreich war. Die Apokalypse: das heißt ein spontaner Zusammenschluß der revolutionären Kräfte. Ganz Paris hat in dieser Augustwoche gespürt, daß die Aussichten des Menschen noch ungeschmälert waren, daß er noch den Sieg über die Maschine davontragen konnte, und selbst wenn der Ausgang des Kampfes, wie in Polen, die Aufreibung der Résistancekräfte gewesen wäre, so hätten diese wenigen Tage dazu ausgereicht, die Macht der Freiheit zu beweisen. So ist es denn unwichtig, daß die *Forces Françaises de l'Intérieur* Paris nicht im wörtlichen Sinne befreit haben: sie haben in jedem Augenblick, hinter jeder Barrikade und auf jedem Pflasterstein für sich und für jeden Franzosen die Freiheit ausgeübt.

Somit ist das, was man alljährlich offiziell und in der Ordnung begehen wird, die Explosion der Freiheit, das Durchbrechen der bestehenden Ordnung und die Erfindung einer wirksamen und spontanen Ordnung. Zu befürchten ist, daß das Fest rasch seinen Sinn verliert. Doch ein bestimmter Aspekt des Aufstands kann sich in unsere Zeremonien hinüberretten. Als die Menge 1789 die Bastille stürmte, waren ihr Bedeutung und Folgen ihrer Geste unbekannt; nachträglich, allmählich ist sie sich ihrer bewußt geworden und hat sie zur Höhe eines Symbols erhoben. Unsere Zeit aber ist sich bewußt, Geschichte zu machen. Was im August 1944 auffiel, ist, daß der symbolische Charakter des Aufstands schon festlag, als sein Ausgang noch ungewiß war. Dadurch, daß Choltitz zögerte, Paris zu zerstören; daß die Alliierten sich damit einverstanden erklärten, das Datum ihres Einmarschs in die Hauptstadt vorzuverlegen; daß die Résistancekämpfer sich dafür entschieden, dort ihre große Schlacht zu liefern – dadurch haben alle beschlossen, daß das Ereignis «geschichtlich» würde. Im Gedächtnis aller waren die großen Zornausbrüche von Paris gegenwärtig. Und jeder Angehörige der *Forces Françaises de l'Intérieur* hatte beim Kämpfen das Gefühl, Geschichte zu schreiben. Die ganze Geschichte von Paris lag darin, in diesem Sonnenschein, auf diesen herausgerissenen Pflastersteinen. So war diese Tragödie, diese gewagte Behauptung der menschlichen Freiheit auch etwas wie eine «Zeremonie». Eine aufwendige und blutige Zeremonie, deren Verlauf sorgfältig geregelt war und die zwangsläufig mit Toten endete, so etwas wie ein Menschenopfer. Dieser dreifache Aspekt: abgelehnte Tragödie, Apokalypse und Zeremonie, verleiht dem Augustaufstand des Jahres 1944 seinen zutiefst menschlichen Charakter und die Kraft, unser Herz anzurühren, die er bewahrt hat. Ist er nicht heute noch einer unserer besten Gründe zur Hoffnung? Es ist sinnlos und unnütz, sich vorzustellen und zu rufen, wir hätten uns mit Hilfe unserer eigenen Kräfte befreit. Möchte man auf Umwegen Maurras wiederfinden und mit ihm das unsinnige «Frankreich, Frankreich allein ...» wiederkäuen? Und ebenso ist es sinnlos, mit dem Fuß aufzustampfen, sich in großartigen Attitüden zu ergehen und jeden Tag einen Platz im Verbande der Nationen zu verlangen, den man uns jeden Tag verweigert. Doch enthüllt uns nicht angesichts der maßlosen Mächte, die der Krieg zum Vorschein gebracht hat und die uns eines Tages zermalmen können, der Aufstand von 1944 unsere wirkliche Kraft? In dieser zeremoniösen und unverhältnismäßigen Schlacht hat Paris gegen die deutschen Panzer das menschliche Vermögen behauptet. Ist es nicht heute noch unsere Aufgabe, ohne große Illusion und ohne allzu große Hoffnung das Menschliche gegen die etwas unmenschlichen jungen Kräfte zu verteidigen, die gerade den Sieg davongetragen haben?

August 1945

Was ist ein Kollaborateur?

Prinz Olaf, der gerade nach Norwegen zurückgekehrt ist, schätzt, daß die «Kollaborateure» zwei Prozent der Gesamtbevölkerung ausmachen. Kein Zweifel, daß der Prozentsatz in Frankreich etwa entsprechend gewesen ist. Eine Umfrage in den verschiedenen besetzten Ländern würde es möglich machen, so etwas wie einen Durchschnittsprozentsatz von Kollaborateuren in den zeitgenössischen Gemeinschaften aufzustellen. Denn die Kollaboration ist, wie der Selbstmord, wie das Verbrechen, eine normale Erscheinung. Nur bleiben in Friedenszeiten oder in Kriegen, die nicht in einem Desaster zu Ende gehen, diese Elemente der Gemeinschaft im Latenzzustand; da die determinierenden Faktoren fehlen, tritt der «Kollaborateur» weder anderen noch sich selbst in Erscheinung, er geht seinen Geschäften nach, er ist vielleicht Patriot, denn ihm ist das Wesen, das er in sich trägt und das sich eines Tages unter günstigen Umständen offenbaren wird, unbekannt. Während des gegenwärtigen Krieges, der es ermöglicht hat, die Kollaboration zu *isolieren*, wie man es mit einer Krankheit tut, gab es bei den Engländern ein beliebtes Gesellschaftsspiel: man ging die Persönlichkeiten von London durch und versuchte zu bestimmen, welche von ihnen kollaboriert hätten, wenn England erobert worden wäre. Dieses Spiel war so albern nicht: es lief auf die Feststellung hinaus, daß Kollaboration eine Veranlagung ist. Tatsächlich hat es bei uns keine große Überraschung gegeben: man brauchte nur Déat und Bonnard vor dem Kriege gekannt zu haben, um es natürlich zu finden, daß sie an die siegreichen Deutschen herantraten. Wenn es also stimmt, daß man nicht aus Zufall kollaboriert, sondern unter der Einwirkung bestimmter gesellschaftlicher und psychologischer Gesetze, dann muß definiert werden, was man einen Kollaborateur nennt.

Es wäre ein Irrtum, Kollaborateur und Faschist zu verwechseln, obwohl jeder Kollaborateur aus Prinzip die Ideologie der Nazis gutheißen mußte. Tatsächlich haben bestimmte notorische Faschisten davon Abstand genommen, mit dem Feind zu paktieren, weil sie meinten, in einem geschwächten und besetzten Frankreich seien die Voraussetzungen für das Aufkommen eines Faschismus nicht günstig; ehemalige Cagoulards sind zur Résistance übergewechselt. Umgekehrt hat es eine bestimmte Anzahl von Radikalen, von Sozialisten, von Pazifisten gegeben, welche die Besatzung als ein kleineres Übel ansahen und in gutem Einvernehmen mit den Deutschen standen.

Ebenso muß man sich davor hüten, den Kollaborateur mit dem konservativen Bürger gleichzusetzen. Zwar war das Bürgertum nach München schwankend. Es befürchtete einen Krieg, von dem Thierry Maulnier deutlich gesagt hat, er werde den Triumph des Proletariats besiegeln. Das erklärt den bösen Willen bestimmter Reserveoffiziere. Aber daraus, daß das Bürgertum den Krieg halbherzig betrieben hat, folgt nicht, daß es beabsichtigte, sich Deutschland auszuliefern. Alle Arbeiter, fast alle Bauern sind im Widerstand gewesen: die meisten Kollaborateure, das ist eine Tatsache, sind aus dem Bürgertum hervorgegangen. Doch darf man daraus nicht folgern, daß das Bürgertum *als Klasse* zur Kollaboration neigte. Zunächst hat es der Résistance zahlreiche Elemente geliefert: nahezu die Gesamtheit der Intellektuellen, ein Teil der Industriellen und der Geschäftsleute haben aktiv gegen die Besatzungsmacht gearbeitet. Wollte man eine strikt bürgerliche Betrachtungsweise definieren, so wäre es besser zu sagen, daß das konservative Bürgertum in seiner Gesamtheit für Pétain war und sich abwartend verhielt. Es ist gesagt worden, daß die Interessen des Kapitalismus international sind und daß ein Sieg Deutschlands dem französischen Bürgertum Gewinn gebracht hätte. Aber das ist ein abstraktes Prinzip: es ging in diesem Falle um eine nackte und schlichte Unterordnung der französischen unter die deutsche Wirtschaft. Den Industriekapitänen war nicht unbekannt, daß Deutschland das Ziel hatte, Frankreich als Industriemacht zu zerstören und folglich den französischen Kapitalismus zu zerstören. Und wie hätte das französische Bürgertum, das stets die nationale Autonomie mit seiner eigenen Souveränität als herrschender Klasse verwechselt hat – wie hätte es nicht verstehen sollen, daß die Kollaboration, indem sie aus Frankreich einen Satellitenstaat Deutschlands machte, dazu beitrug, die bürgerliche Souveränität zunichte zu machen? Meist aus dem Bürgertum hervorgegangen, kehrte sich der Kollaborateur sogleich gegen es. Für Déat, für Luchaire war der Gaullist der Prototyp des Bürgers, der «nicht begriffen hat», weil er an seinem Vermögen hängt.

In Wirklichkeit ist die Kollaboration ein Desintegrationsfaktum, in allen Fällen ist sie eine individuelle Entscheidung, nicht eine Klassenposition gewesen. Ursprünglich stellt sie eine Fixierung von schlechtassimilierten Elementen durch fremde Kollektivformen dar. Darin steht sie der Kriminalität und dem Selbstmord nahe, die gleichfalls Desassimilationserscheinungen sind. Überall da, wo das gesellschaftliche Leben intensiv geblieben ist, in religiösen oder politischen Zentren, finden diese Erscheinungen keinen Raum. Sobald verschiedene Faktoren hineinspielen und so etwas wie ein gesellschaftliches Schwanken hervorrufen, treten sie auf. So kann man in groben Zügen eine Klassifizierung des Personenkreises der Kollaboration versuchen: er erwächst aus den marginalen Elementen der politischen Parteien: Déat, Marquet, die sich nicht in die sozialistische Partei S.F.I.O. haben integrieren können, Doriot, der aus der kommunistischen Partei ausgeschlossen wurde; aus den Intellektuellen, die auf das Bürgertum spucken, ohne den Mut oder auch nur die Möglichkeit zu haben, sich in das Proletariat zu integrieren: Drieu La Rochelle, der zeitlebens zugleich vom italienischen Faschismus und vom russischen Kommunismus besessen war, Ramon Fernandez, der eine Zeitlang mit den Kommunisten ging, dann die kommunistische Partei zugunsten des P.P.F. verließ, weil, wie er sagte, «ich abfahrende Züge liebe» (dieses ewige Oszillieren vom Kommunismus zum Faschismus, vom Faschismus zum Kommunismus ist typisch für die Desintegrationskräfte, die in den Randzonen des Bürgertums wirksam sind); aus den Verkrachten in Journalismus, Kunst und Lehramt: das ist der Fall von Laubreaux, der Kritiker bei *Je Suis Partout* war. Aus Nouméa gekommen, um Paris zu erobern, nie integriert, sofort bei seiner Ankunft in Frankreich von einem Plagiatsprozeß bedrängt, hat er lange zwischen der Rechten und der Linken geschwankt, war ungetreuer Sekretär Henri Bérauds, dann Redakteur bei der *Dépêche de Toulouse*, einem großen radikalsozialistischen Organ in Südwestfrankreich, bevor er in den Reihen der französischen Neofaschisten strandete.

Doch gibt es in einer Gemeinschaft nicht nur individuelle Fälle von Desintegration: ganze Gruppen können aus der Kollektivität herausgerissen werden durch Kräfte, die von außen auf sie einwirken: der Ultramontanismus beispielsweise erklärt die kollaborationistische Haltung bestimmter Mitglieder des hohen Klerus. Noch bevor sie überhaupt mit den Besatzungsmächten in Verbindung traten, gab es für sie schon eine Hingezogenheit zu Rom, die als labilisierende Kraft wirkte. Der niedere Klerus hingegen, fest in seinem Boden verwurzelt, gallikanisch, weit von Rom entfernt, hat insgesamt leidenschaftlich Widerstand geleistet. Und vor allem hat die Französische Revolution, da sie ihre Grundsätze nicht bis zur letzten Konsequenz treiben wollte und konnte, am Rande der demokratischen Gemeinschaft ein Überbleibsel bestehenlassen, das sich bis in unsere Tage gehalten hat. Es wäre übertrieben zu behaupten, wie es geschehen ist, daß Frankreich seit 1789 zweigeteilt gewesen sei. Aber tatsächlich ist, während die Mehrheit der Bürger sich mit einer kapitalistischen Demokratie einrichtete, welche die Herrschaft des freien Unternehmens besiegelte, ein kleiner Teil der bürgerlichen Klasse außerhalb des französischen Nationallebens geblieben, weil er abgelehnt hat, sich der republikanischen Verfassung anzupassen. Für die «inneren Emigranten», Royalisten der *Action française*, Faschisten von *Je Suis Partout*, ist der Zusammenbruch von 1940 vor allem das Ende der Republik gewesen. Ohne wirkliche Bindungen an das zeitgenössische Frankreich, an unsere großen politischen Traditionen, an anderthalb Jahrhunderte unserer Geschichte und unserer Kultur, waren sie durch nichts gegen die Anziehungskraft einer fremden Gemeinschaft gefeit.

So läßt sich folgendes seltsame Paradox erklären: die Mehrheit der Kollaborateure sind aus dem erwachsen, was man die «Rechtsanarchisten» genannt hat. Sie erkannten kein Gesetz der Republik an, erklärten sich für frei, die Steuer oder den Krieg abzulehnen, griffen trotz der von unserer Verfassung anerkannten Rechte gegen ihre Gegner auf die Gewalt zurück. Indes bauten sie ihre Disziplinlosigkeit und ihre Gewalttätigkeit auf den Begriff einer strengen Ordnung auf: und als sie ihre Dienste einer fremden Macht anboten, ergab sich ganz natürlicherweise, daß diese unter einem diktatorischen Regime stand. Diese Elemente nämlich, deren Anarchie nur die Desintegration bezeichnet, eben weil sie diese Desintegration mehr erlitten als wollten, haben nicht aufgehört, sich als Gegenstück dazu eine radikale Integration zu wünschen. Die anarchische Freiheit, die sie genossen, haben sie für sich selbst niemals angenommen, niemals aufgegriffen, sie hatten nicht den Mut, die Konsequenzen aus ihrer streng individualistischen Haltung zu ziehen: am Rande der konkreten Gesellschaft jagten sie dem Traum einer autoritären Gesellschaft nach, in die sie sich integrieren und in der sie aufgehen könnten. Somit haben sie die Ordnung, welche die deutsche Macht ihnen darzustellen schien, der nationalen Wirklichkeit vorgezogen, von der sie ausgeschlossen waren.

Keine Klasse trägt also als solche die Verantwortung für die Kollaboration. Diese beweist nicht einmal, wie man geglaubt hat, eine gewisse Schwächung des demokratischen Ideals: sie läßt lediglich die Ergebnisse des normalen Spiels der gesellschaftlichen Desintegrationskräfte inmitten der zeitgenössischen Gemeinschaften ermessen. Das gesellschaftliche Überbleibsel, das in Friedenszeiten praktisch vernachlässigt werden kann, wird im Falle einer Niederlage, auf die eine Besetzung folgt, sehr entscheidend. Es wäre ungerecht, das Bürgertum eine Kollaborations-«Klasse» zu nennen. Aber man kann und man muß sie als Klasse nach der Tatsache beurteilen, daß die Kollaboration fast ausschließlich aus ihrer Mitte erwachsen ist: damit ist hinlänglich gezeigt, daß sie ihre Ideologie, ihre Macht und ihren inneren Zusammenhalt verloren hat.

Es genügt nicht, den gesellschaftlichen Bereich der Kollaboration umrissen zu haben. Es gibt eine Psychologie des Kollaborateurs, aus der wir wertvolle Aufschlüsse gewinnen können. Man kann zwar *a priori* entscheiden, daß Verrat stets durch Eigennutz und Ehrgeiz motiviert ist. Doch wenn diese Psychologie in groben Zügen die Klassifizierungen und Verurteilungen erleichtert, so entspricht sie nicht ganz der Wirklichkeit. Es hat uneigennützige Kollaborateure gegeben, die stillschweigend den deutschen Sieg wünschten, ohne aus ihren Sympathien Gewinn zu ziehen. Die meisten derjenigen, die in der Presse geschrieben haben oder an der Regierung beteiligt gewesen sind, waren skrupellose Ehrgeizlinge, das ist gewiß. Aber es gab auch welche, die schon vor dem Kriege so bedeutende Stellungen einnahmen, daß sie keinen Verrat mehr nötig hatten. Und was für ein seltsamer Ehrgeiz: wenn diese Leidenschaft ihrem Wesen nach tatsächlich die Suche nach einer absoluten Gewalt über die Menschen ist, so bestand ein offenkundiger Widerspruch im Ehrgeiz des Kollaborateurs, der, hätte man ihn an die Spitze der französischen Scheinregierung gestellt, nur ein Verbindungsmann sein konnte. Nicht sein persönliches Ansehen, sondern die Macht der Besatzungsarmeen verlieh ihm seine Autorität; von ausländischen Armeen unterstützt, konnte er nur Agent des Auslands sein. In Frankreich scheinbar der Erste, wäre er, wenn der Nazismus gesiegt hätte, in Europa nur der Tausendste gewesen. Wenn schon die moralischen Grundsätze dazu nicht ausreichten – der wirkliche Ehrgeiz hätte ihn zur Résistance führen müssen: der Anführer einer kleinen Truppe von Untergrundkämpfern hatte mehr Unternehmungsfreiheit, mehr Ansehen und wirkliche Autorität, als Laval jemals gehabt hat. Wenn wir die Haltung der Kollaborateure verstehen wollen, müssen wir sie also

Mancher, der ein Buch liest, murrt . . .

... wenn er Werbung findet, wo er Literatur suchte. Reklame in Büchern!!!? Warum nicht auch zwischen den Akten in Bayreuth oder neben den Gemälden in der Pinakothek?

«Rowohlts Idee mit der Zigarettenreklame im Buch (finde ich) gar nicht anfechtbar, vielmehr sehr modern. Hauptsache, es hat Erfolg und nützt dem Buch, was die deutsche Innerlichkeit dazu sagt, ist allmählich völlig gleichgültig, die will ihren Schlafrock und ihre Ruh und will ihre Kinder dußlig halten und verkriecht sich hinter Salbadern und Gepflegtheit und möchte das Geistige in den Formen eines Bridgeclubs halten – dagegen muß man angehen ...»

Das schrieb Ende 1950 – Gottfried Benn.

An Stelle der «Zigarettenreklame» findet man nun in diesen Taschenbüchern Werbung für Pfandbriefe und Kommunalobligationen. «Hauptsache, es hat Erfolg und nützt dem Buch.» Und es nützt auch dem Leser. (Für die Jahreszinsen eines einzigen 100-Mark-Pfandbriefs kann man sich beispielsweise zwei Taschenbücher kaufen.)

ohne Leidenschaft betrachten und sie objektiv nach ihren Worten und ihren Taten beschreiben.

Es versteht sich von selbst, daß sie zunächst alle an den deutschen Sieg geglaubt haben. Man kann sich keinen Journalisten, keinen Schriftsteller, keinen Industriellen oder Politiker vorstellen, der bereit gewesen wäre, nur vier Jahre lang aus den Vorteilen der Besatzung Nutzen zu ziehen und dabei zu wissen oder zu ahnen, daß sein Abenteuer mit Inhaftierung oder Tod enden wird. Aber dieser intellektuelle Irrtum, der es ermöglicht, ihre Haltung zu verstehen, kann sie nicht rechtfertigen: ich habe viele Leute gekannt, die 1940 England für verloren hielten; die Schwachen überließen sich der Verzweiflung, andere schlossen sich in einen Elfenbeinturm ein, und wiederum andere fingen aus Treue zu ihren Grundsätzen mit der Résistance an: sie dachten, daß Deutschland zwar den Krieg gewonnen habe, daß es aber noch in ihrer Macht stehe, es den Frieden verlieren zu lassen. Wenn die Kollaborateure aus dem deutschen Sieg auf die Notwendigkeit geschlossen haben, sich der Autorität des Reichs zu unterwerfen, dann deshalb, weil bei ihnen eine tiefe ursprüngliche Entscheidung vorlag, die den Grund ihrer Persönlichkeit ausmachte: die Entscheidung, sich der vollendeten Tatsache zu fügen, ganz gleich, welcher. Diese grundlegende Neigung, die sie selber mit dem Namen «Realismus» ausschmückten, hat in der Ideologie unserer Zeit tiefreichende Wurzeln. Der Kollaborateur ist von jener intellektuellen Krankheit befallen, die man Historizismus nennen kann. Die Geschichte lehrt uns nämlich, daß ein großes kollektives Ereignis bei seinem Auftreten Haß- und Widerstandsgefühle hervorruft, die zwar manchmal sehr schön sind, später jedoch als unwirksam betrachtet werden. Wer sich einer verlorenen Sache verschrieben hat, so dachten die Kollaborateure, kann sehr wohl als schöne Seele erscheinen: er ist darum nicht minder ein Verirrter und Verspäteter in seinem Jahrhundert. Er stirbt zweimal, weil mit ihm die Grundsätze begraben werden, nach denen er gelebt hat. Die Promotoren des geschichtlichen Ereignisses hingegen, ob es sich um Cäsar, um Napoleon oder um Ford handelt, werden vielleicht im Namen einer bestimmten Ethik von ihrer Zeit gerügt; aber fünfzig, hundert Jahre später wird man sich nur an ihre Durchsetzungskraft erinnern und sie im Namen der Grundsätze beurteilen, die sie selber aufgestellt haben. Hundertmal habe ich bei den ehrenwertesten Geschichtslehrern, in den objektivsten Büchern diese Tendenz entdeckt, die vollendete Tatsache einfach deshalb zu billigen, weil sie vollendet ist. Sie verwechseln die Notwendigkeit, als Forscher sich dem Faktischen zu unterwerfen, mit einer gewissen Neigung, es als moralisch Handelnde moralisch gutzuheißen. Die Kollaborateure haben diese Geschichtsphilosophie für sich übernommen. Für sie geht die Herrschaft des Faktischen einher mit einem unbestimmten Glauben an den Fortschritt, aber an einen geköpften Fortschritt: denn der klassische Fortschrittsbegriff setzt eine Aufstiegsbewegung voraus, die sich unendlich einem Ideal annähert. Die Kollaborateure halten sich für allzu positivistisch, um ohne Beweis an dieses Idealziel und folglich an den Sinn der Geschichte zu glauben. Doch wenn sie unter Berufung auf die Wissenschaft diese metaphysischen Deutungen zurückweisen, so geben sie darum doch nicht die Vorstellung des Fortschritts auf: dieser ist für sie eins mit dem Gang der Geschichte. Wohin es geht, weiß man nicht, aber wenn man sich verändert, dann deshalb, weil man sich verbessert. Das letzte geschichtliche Phänomen ist das beste, ganz einfach, weil es das letzte ist: man ahnt, daß es dazu beiträgt, dem menschlichen Gesicht Form zu geben, diesem Entwurf, dem jeder Augenblick, der vergeht, eine Retusche zufügt; eine Art Suggestibilität überkommt einen, und passiv überläßt man sich den Strömungen, die sich andeuten, man treibt einer unbekannten Bestimmung entgegen, man kennt die Wonnen, nicht zu denken, nicht vorauszuschauen und die dunklen Verwandlungen hinzunehmen, die neue und unvorhersehbare Menschen aus uns machen sollen. Der Realismus verhehlt hier die Furcht davor, den Beruf des Menschen auszuüben – jenen verbohrten und beschränkten Beruf, der darin besteht, je nach Grundsätzen ja oder nein zu sagen, «zu unternehmen, ohne zu hoffen, beharrlich zu bleiben, ohne Erfolg zu haben» –, und eine mystische Lust am Geheimnis, eine Gefügigkeit einer Zukunft gegenüber, die man nicht selber schaffen, sondern nur prophezeien will. Natürlich spielt hier falsch verstandener Hegelialismus mit. Man heißt die Gewalt gut, weil alle große Veränderungen auf der Gewalt beruhen, und der Kraft mißt man eine dunkle moralische Tugend bei. So stellt der Kollaborateur sich darauf ein, seine Handlungen in der fernsten Zukunft einzuschätzen: die Annäherung an Deutschland, auf die er gegen England sann, sahen *wir* als das Nichteinhalten einer Verpflichtung und als einen nicht zu rechtfertigenden Wortbruch an. Obwohl er in unserem Jahrhundert lebt, beurteilte der Kollaborateur es aus der Perspektive künftiger Jahrhunderte, genauso wie der Historiker die Politik Friedrichs II. beurteilt; er hatte dafür bereits eine Bezeichnung ge-

Friedrichs II. beurteilt; er hatte dafür bereits eine Bezeichnung gefunden: es war ganz einfach ein *Renversement des alliances*, für das es in der Geschichte zahlreiche Präzedenzfälle und Beispiele gab.

Diese Art und Weise, Ereignisse im Lichte der Zukunft zu beurteilen, war, wie ich glaube, für alle Franzosen eine der Versuchungen der Niederlage: sie stellte eine subtile Form von Evasion dar. Dadurch, daß man einige Jahrhunderte übersprang und sich nach der Gegenwart umdrehte, um sie von weitem zu betrachten und sie wieder in die Geschichte einzuordnen, verwandelte man sie in Vergangenheit und maskierte ihre Unhaltbarkeit. Eine erdrückende Niederlage wollte man dadurch vergessen, daß man sie nur noch in ihren historischen Konsequenzen erfaßte. Doch man vergaß, daß die Geschichte zwar nur im Rückblick und in großen Blöcken zu erfassen ist, daß sie aber von einem Tag zum anderen gelebt wird und sich ereignet. Diese Wahl der historizistischen Haltung und das ständige Zurvergangenheitmachen der Gegenwart ist typisch für die Kollaboration. Die am wenigsten Schuldigen sind enttäuschte Idealisten, die es satt hatten, ihr Ideal vergebens vorzutragen, und plötzlich glaubten, es aufzwingen zu müssen. Wenn beispielsweise der französische Pazifismus der Kollaboration soviel Nachwuchs geliefert hat, dann deshalb, weil die Pazifisten, unfähig, den Krieg zu verhindern, plötzlich beschlossen hatten, im deutschen Heer die Kraft zu sehen, die den Frieden verwirklichen würde. Bis dahin war ihre Methode Propaganda und Erziehung gewesen. Sie hatte sich als unwirksam erwiesen. Da redeten sie sich ein, daß sie nur das Mittel wechselten: sie versetzten sich in die Zukunft, um das jetzige Geschehen zu beurteilen, und sie sahen, daß der Nazisieg der Welt einen deutschen Frieden brächte, welcher der Pax romana vergleichbar war. Der Konflikt mit Rußland, später mit Amerika, öffnete ihnen die Augen nicht: sie sahen darin einfach notwendige Übel. So entstand eines der seltsamsten Paradoxe dieser Zeit: das Bündnis der glühendsten Pazifisten mit den Soldaten einer kriegerischen Gesellschaft.

Auf Grund seiner Gefügigkeit den Tatsachen – oder vielmehr: der einzigen Tatsache der französischen Niederlage – gegenüber macht der «realistische» Kollaborateur eine umgekehrte Moral: statt die Tatsache im Lichte des Rechts zu beurteilen, gründet er das Recht auf die Tatsache; seine implizite Metaphysik setzt das Sein mit dem Seinmüssen gleich. Alles, was ist, ist gut; gut ist, was ist. Auf diesen Grundsätzen errichtet er eilends eine Ethik der

Männlichkeit. Er macht sich die Maxime von Descartes zu eigen: «Lieber versuchen, sich selbst zu bezwingen, als die Welt zu bezwingen» und denkt, die Unterwerfung unter die Tatsachen sei eine Schule für Mut und männliche Härte. Für ihn stellt alles, was nicht seinen Ausgangspunkt in einer objektiven Einschätzung der Lage nimmt, nur die Träumerei einer Frau oder eines Schwärmers dar. Den Widerstand erklärt er nicht durch die Behauptung eines Wertes, sondern durch das anachronistische Hängen an toten Lebensgewohnheiten und einer toten Ideologie. Indes verhehlt er sich folgenden tiefen Widerspruch: daß nämlich auch er die Tatsachen, von denen er ausgehen will, *ausgewählt* hat. Die militärische Macht Rußlands, die industrielle Macht Amerikas, Englands zäher Widerstand im «Blitzkrieg», der Aufstand der geknechteten Europäer, das Streben der Menschen nach Würde und Freiheit sind ebenfalls Tatsachen. Aber im Namen des Realismus hat er gewählt, ihnen nicht Rechnung zu tragen. Daher die innere Schwäche seines Systems: dieser Mensch, der ständig von der «harten Lehre der Tatsachen» spricht, hat nur die Tatsachen festgehalten, die seine Doktrin begünstigen. In seiner Eile, das zu beseitigen, was ihn stört, ist er fortwährend unaufrichtig: vierzehn Tage nach dem Einmarsch der Deutschen in die UdSSR scheute sich Déat nicht zu schreiben: «Jetzt, da der russische Koloß gestürzt ist ...»

In der Gewißheit des deutschen Sieges strebt der Kollaborateur danach, die juristischen Beziehungen von Gegenseitigkeit und Gleichheit zwischen Nationen und Menschen durch so etwas wie ein Lehnsband zwischen Lehnsherr und Vasall zu ersetzen. So betrachtet sich Châteaubriant als Hitlers Lehnspflichtigen. Da er nicht in die französische Gesellschaft integriert und nicht den allgemeinen Gesetzen einer Gemeinschaft unterworfen ist, sucht der Kollaborateur, sich in ein neues System zu integrieren, wo die Beziehungen in die Einzelnheit fallen und von Person zu Person verlaufen. Sein Realismus hilft ihm dabei: der Kult der Einzeltatsache und die Verachtung des Rechts, das Allgemeinheit ist, bringen ihn dazu, sich streng individuellen Realitäten zu unterwerfen: einem Menschen, einer Partei, einer fremden Nation. Damit wird sogleich seine wandelbare und widersprüchliche Moral zum reinen Gehorsam den Launen des Lehnsherrn gegenüber; Déat widerspricht sich hundertmal, je nach den Befehlen, die ihm von Abetz zugehen. Er leidet darunter nicht: die Einheitlichkeit seiner Haltung besteht gerade darin, seinen Standpunkt so oft zu wechseln, wie der Herr es will. Doch diese Lehnstreue ist selber nicht ohne tiefen Widerspruch. Ist Machiavelli der Denk-Lehrmeister der Diktatoren, so ist Talleyrand das Vorbild des Kollaborateurs. Dieser Ehrgeizling begnügt sich mit einer untergeordneten Rolle: aber er tut es deshalb, weil er meint, er hätte hier mitzuspielen. Seine Treue zu Deutschland ist verdächtig. Wie viele Politiker aus Vichy oder Paris haben während der Besatzung immer wieder gesagt: «Die Deutschen sind Kinder; sie haben Frankreich gegenüber einen Minderwertigkeitskomplex: wir werden mit ihnen umspringen können, wie wir wollen.» Die einen gedachten, die Italiener in ihrer Rolle als «glänzende Nachahmer» auszustechen, die anderen meinten, ihre Stunde würde schlagen, wenn Deutschland und Amerika wünschten, daß eine dritte Macht Verhandlungen einleite. Da er die *Kraft* als Quelle des Rechts und als Erbteil des Herrn gesetzt hat, hat sich der Kollaborateur die *List* vorbehalten. Er erkennt also seine Schwäche, und dieser Priester der Manneskraft und der männlichen Tugenden gibt sich mit den Waffen des Schwachen, der Frau zufrieden. Überall in den Artikeln von Châteaubriant, von Drieu, von Brasillach wird man seltsamen Metaphern begegnen, welche die Beziehungen zwischen Frankreich und Deutschland im Bilde einer geschlechtlichen Vereinigung darstellen, bei der Frankreich die Rolle der Frau spielt. Und mit Sicherheit hat die Lehnsbindung des Kollaborateurs an seinen Herrn einen sexuellen Aspekt. Soweit man sich den Geisteszustand der Kollaboration vorstellen kann, erahnt man darin so etwas wie ein Klima von Femininität. Der Kollaborateur spricht im Namen der Kraft, aber er ist nicht die Kraft: er ist die List, die Verschlagenheit, die sich auf die Kraft stützt, er ist sogar der Zauber und die Verführung, da er den Anspruch erhebt, mit dem Reiz zu spielen, den ihm zufolge die französische Kultur auf die Deutschen ausübt. Wie mir scheint, liegt da eine seltsame Mischung aus Masochismus und Homosexualität vor. Übrigens haben die Pariser homosexuellen Kreise zahlreichen und glänzenden Nachwuchs geliefert.

Doch die vielleicht beste psychologische Erklärung der Kollaboration stellt der Haß dar. Der Kollaborateur scheint von einer strengen Lehnsordnung zu träumen: wie schon gesagt, ist es der große Assimilationstraum eines Nichtintegrierten. Doch handelt es sich nur um einen Tagtraum. In Wirklichkeit haßt er diese Gesellschaft, in der er keine Rolle hat spielen können. Wenn er davon träumt, ihr den faschistischen Zaum anzulegen, dann deshalb, weil er sie unterwerfen und sie praktisch auf den Zustand einer Maschine zurückführen will. Es ist typisch, daß sich Déat oder Luchaire oder Darnand ihrer Unbeliebtheit vollauf bewußt waren. Hundertmal haben sie mit völliger Klarsicht geschrieben, daß die ganz große Mehrheit des Landes ihre Politik mißbillige. Doch sie waren weit davon entfernt, die Entrüstung und die Wut zu bedauern, die sie hervorriefen: beide waren für sie notwendig. Durch sie verwirklichten sie unter sich so etwas wie eine ohnmächtige und vergebens aufbegehrende Totalität: eben jene französische Gemeinschaft, in der sie nicht hatten aufgehen können und die sie ausschloß. Da sie darin von innen nicht Erfolg haben konnten, würden sie sie von außen niederzwingen; sie würden sich in das deutsche Europa integrieren, um diese hochmütige Nation zu vergewaltigen. Es machte ihnen wenig aus, Hitlers Sklaven zu sein, wenn sie ganz Frankreich mit diesem Sklaventum verseuchen konnten. Das war das besondere Wesen ihres Ehrgeizes. Bei Drieu La Rochelle lagen die Dinge nicht so einfach: er hat sich zuerst selbst gehaßt. Ganze zwanzig Jahre lang hat er sich als einen Haltlosen, einen Nichtintegrierten, einen «Überzähligen» geschildert, und er hat für sich eine eiserne Disziplin erträumt, die er sich aus eigenen Stücken nicht zu geben vermochte. Aber dieser Selbsthaß ist – wie *Die Unzulänglichen* bezeugen – zu einem Menschenhaß geworden. Unfähig, die harte Wahrheit zu ertragen, die besagte: «Ich bin ein schwaches und weichliches Kind, feige meinen Leidenschaften gegenüber», hat er sich als das typische Produkt einer durch und durch verrotteten Gesellschaft sehen wollen. Er hat für sie den Faschismus erträumt, während es ihm genügt hätte, sich selbst strenge Verhaltensregeln zu geben: er hat das Menschliche in sich und bei den anderen dadurch zunichte machen wollen, daß er die menschlichen Gesellschaften in Ameisenhaufen verwandelte. Für diesen Pessimisten entsprach die Heraufkunft des Faschismus im Grunde dem Selbstmord der Gesellschaft.

Realismus, Ablehnung des Allgemeinen und des Gesetzes, Anarchie und Traum von einem eisernen Zwang, Apologie von Gewalt und List, Femininität, Menschenhaß: alles Merkmale, die sich durch die Desintegration erklären. Der Kollaborateur ist, ob er nun Gelegenheit hat, als solcher aufzutreten oder nicht, ein Feind, den die demokratischen Gesellschaften ständig in ihrem Schoße tragen. Wenn wir vermeiden wollen, daß er den Krieg in anderen Gestalten überlebt, dann genügt es nicht, ein paar Verräter hinzurichten. Es gilt, soweit wie möglich die Einigung der französischen Gesellschaft zu vollenden, das heißt die Arbeit, welche die Revolution von 1789 begonnen hat; und das läßt sich nur durch eine neue Revolution verwirklichen, jene Revolution, die 1830, 1848 und 1871 versucht worden ist und auf die stets eine Gegenrevolution folgte. Die Demokratie ist immer eine Pflanzstätte für Faschisten gewesen, weil sie ihrem Wesen nach alle Meinungen duldet; es ist nötig, daß endlich restriktive Gesetze gemacht werden: es darf keine Freiheit gegen die Freiheit geben.

Und da die Lieblingsthese des Kollaborateurs – ebenso wie des Faschisten – der *Realismus* ist, müssen wir unseren Sieg dazu ausnutzen, das Scheitern jeglicher realistischen Politik zu besiegeln. Zwar ist es nötig, sich den Tatsachen zu unterwerfen, Lehren aus der Erfahrung zu ziehen: aber diese Geschmeidigkeit, dieser politische Positivismus dürfen nur Mittel dazu sein, ein Ziel zu verwirklichen, das nicht den Tatsachen unterworfen ist und nicht aus ihnen sein Dasein bezieht. Dadurch, daß wir das Beispiel einer Politik geben, die auf Grundsätzen beruht, werden wir dazu beitragen, daß die Spezies der «Pseudorealisten» verschwindet. Denn ihr gegenüber zeigt die Résistance, die schließlich gesiegt hat, daß die Rolle des Menschen darin besteht, zu den Tatsachen selbst dann *nein* sagen zu können, wenn es so scheint, als müßte man sich ihnen unterwerfen. Zwar muß man lieber sich selbst als das Schicksal bezwingen wollen, aber wenn man zuerst sich selbst bezwingen muß, dann letztlich deshalb, um besser das Schicksal zu bezwingen.

August/September 1945

Das Ende des Krieges

Den Leuten war gesagt worden, sie sollten flaggen: sie haben es nicht getan, der Krieg ist in Gleichgültigkeit und Angst zu Ende gegangen.

Nichts im Alltagsleben hatte sich geändert. Dem Dröhnen des Radios, dem Fettdruck der Zeitungen gelang es nicht, uns zu überzeugen. Ein Wunder hätten wir uns gewünscht, ein Zeichen am Himmel zum Beweis dafür, daß der Frieden sich in die Dinge eingeschrieben hätte. Eine dürftige Kanone hustete in einen langweiligen Sommernachmittag hinein. Mit ausdruckslosen Augen, von ihrem chronischen Hunger und ihren Sorgen eingenommen, gingen die Leute über die Brücken, durch die Straßen. Wie soll man sich mit hohlem Bauch über das Ende dieses Krieges freuen, der nicht endet, zu Ende zu gehen, der erst unsere Landstriche verwüstet hat und jetzt sterbend zum Teufel geht, auf jenen Inseln, deren Namen an doppelte Mandeln und Wetten im Familienkreis erinnern. Und was für ein abstraktes Ende: Unruhen in Japan werden befürchtet, das japanische Heer unternimmt eine Gegenoffensive in der Mandschurei, der Kaiser und seine Heerführer sprechen von baldiger Vergeltung, die Chinesen stehen am Rande des Bürgerkrieges; und hinter alldem betrachten riesige junge Mächte einander mit Überraschung, mit feierlicher Kälte, schätzen einander ab und halten einander in Schach wie jene Ringkämpfer, die miteinander rasche Zärtlichkeiten an Vorderarmen und Schultern austauschen, ehe sie einander packen. Indes haben ein paar Männer in ihrem Büro beschlossen, daß der Krieg beendet sei. Einer von ihnen verkündet es, er spricht vor dem Mikrofon, in der Hand ein Papier. Wollten wir ihm glauben, wir hätten innerhalb von zehn Jahren nicht verlernen dürfen, den Worten solcher Männer zu glauben, die, in der Hand ein Papier, auf ein Mikrofon zugehen. Nicht daß man sich vorzustellen wagte, er lüge. Man denkt einfach nur, daß diese ganze Geschichte mit Krieg und Frieden sich auf einer gewissen Ebene von Wahrheit abspielt: der Wahrheit von geschichtlichen Aussprüchen, von Paraden und Gedenkfeierlichkeiten. Die Leute blicken einander mit leichter Enttäuschung an: ist der Friede nichts weiter als das?

Es ist nicht der Friede. Der Friede ist ein Anfang. Wir durchleben eine Agonie. Lange glaubten wir, Krieg und Friede seien zwei reinlich geschiedene Spezies wie Schwarz und Weiß, wie Warm und Kalt. Das stimmte nicht, und heute wissen wir es. Zwischen 1934 und 1939 haben wir gelernt, daß der Friede zu Ende gehen kann, ohne daß der Krieg ausbricht. Wir sind vertraut mit den erlesenen Subtilitäten der bewaffneten Neutralität, der Intervention, des Vorkriegszustands. In unserem Jahrhundert vollzieht sich der Übergang von Frieden zu Krieg in bruchlosen Schattierungen. Bei der optimistischsten Annahme wird man diesen Weg zurückgehen müssen. Heute, am 20. August 1945, in diesem menschenleeren und ausgehungerten Paris, ist der Krieg zu Ende gegangen, hat der Friede noch nicht begonnen.

Der Friede erschien uns als eine *Rückkehr*. Eine Rückkehr der verrückten Jahre zwischen 1918 und 1925, eine Rückkehr des französischen Wohlstands, der französischen Größe. In Kriegszeiten erwarten die Leute stets den Frieden ihrer Jugendjahre; sie verwechseln Frieden mit Jugend. Stets kommt ein anderer Friede. Der Friede, der sich jenseits der letzten Gewitter undeutlich ankündigt, ist ein riesiger Weltfriede, worin Frankreich nur noch einen ganz kleinen Platz hat. Die kleine Kanone, die neulich nachmittags hustete, bekräftigte das Aufgehen Frankreichs in Europa. Ein Urteilsspruch, der am anderen Ende der Welt ergangen war, lehrte uns, daß der Zeitraum unserer Schmach und unserer Schmerzen abgeschlossen sei. Es blieb nur noch, danke zu sagen. Das bedeutete, daß es galt, Frankreich wiederaufzubauen und dabei seinen neuen Grenzen Rechnung zu tragen. Der Illusionsschleier, der uns seit fünfzig Jahren seine tatsächliche Bedeutung verbarg, war im selben Augenblick zerrissen, als die Japaner kapitulierten. Wir, die Vierzigjährigen, wiederholen seit einiger Zeit gerne, daß Frankreich sich vor allem damit abfinden muß, die zweiten Rollen zu spielen. Doch wir sind derart gewohnt, es in den ersten zu sehen, daß wir von ihm nicht wie von einer alternden Schauspielerin sprechen, sondern wie von einem Star, der sich aus Schicklichkeitsgründen eine Zeitlang zum Inkognito verstehen muß. Indes erhebt sich hinter uns eine strengere Jugend, die den neuen Aufgaben besser gewachsen ist, weil sie nur ein gedemütigtes Frankreich kennengelernt hat. Diese jungen Leute sind die Männer des Friedens. Wir waren die einer verlorenen Schlacht, eines Krieges, der im Sande verläuft. Werden wir Verspätete, Verirrte sein in der Zeit, die kommt? Dieses Kriegsende ist ein wenig auch unser Ende oder doch zumindest das Ende unserer Jugend.

Ohne Beweis glaubten wir, der Friede sei der natürliche Zustand und die Substanz des Weltganzen und der Krieg nur eine vorübergehende Bewegtheit seiner Oberfläche. Heute erkennen wir unseren Irrtum: das Ende des Krieges ist ganz einfach das Ende *dieses* Krieges. Die Zukunft ist nicht einbezogen: wir glauben nicht mehr an das Ende der Kriege; ja, wir sind derart an den Lärm der Waffen gewöhnt, derart abgestumpft von unseren Wunden und unserem Hunger, daß es uns nicht einmal mehr ganz gelingt, dieses Ende zu wünschen. Teilte man uns morgen mit, daß ein neuer Konflikt ausgebrochen sei, wir sagten mit resigniertem Achselzucken: «Das ist der Lauf der Dinge.» Bei den Besten entdecke ich darüber hinaus ein stummes Einverständnis mit dem Kriege, das wie eine Zustimmung zur vollen Tragik der *Conditio humana* ist. Der Pazifismus barg noch die Hoffnung, man werde eines Tages durch viel Geduld und Reinheit den Himmel auf die Erde herunterholen; die Pazifisten glaubten noch, der Mensch habe von Geburts wegen das Recht darauf, daß alles hienieden nicht immer schlecht abläuft. Heute sehe ich viele nachdenkliche und bescheidene junge Leute, die sich keinerlei Recht zuerkennen, nicht einmal das Recht zu hoffen. Sie verabscheuen die Gewalt, aber sie sind nicht so optimistisch, daß sie zu glauben wagten, man werde darauf verzichten können. Ich habe welche erlebt, die es ablehnten, vor der Musterungskommission ihre anfällige Gesundheit geltend zu machen, und zwar aus Angst davor, zurückgestellt zu werden. «Beim nächstenmal würde ich dumm dastehen», sagten sie. Auch scheint es, als hätte dieser Krieg, der sehr viel schrecklicher war als der vorige, weniger schlechte Erinnerungen hinterlassen. Vielleicht deshalb, weil man lange glaubte, er sei weniger unsinnig. Es erschien nicht unsinnig, gegen den deutschen Imperialismus zu kämpfen, der Besatzungsarmee Widerstand zu leisten. Erst heute merkt man, daß Mussolini, Hitler, Hirohito nur Schattenkönige waren. Diese Raub- und Blutmächte, die sich auf die Demokratien stürzten, waren bei weitem die schwächsten Nationen. Die Schattenkönige sind gestorben und gestürzt, ihre kleinen Lehnsfürstentümer – Deutschland, Italien, Japan – liegen am Boden. Die Welt ist vereinfacht: zwei Riesen nur ragen auf und betrachten einander ohne Wohlwollen. Doch wird es einige Zeit brauchen, bis dieser Krieg sein wahres Gesicht enthüllt. Seine allerletzten Augenblicke haben dazu beigetragen, uns auf die Hinfälligkeit des Menschen hinzuweisen. Deshalb möchten wir gerne, daß er zu Ende geht, doch nicht auf die Art und Weise, wie er zu Ende geht. Mehr als einem

Europäer wäre es lieber gewesen, daß Japan eingenommen, daß es unter den Bombardierungen der Flotte vernichtet worden wäre: doch die kleine Bombe, die auf einen Schlag hunderttausend Menschen töten kann und die morgen zwei Millionen töten wird, stellt uns plötzlich vor unsere Verantwortungen. Beim nächstenmal kann die Erde hochgehen: dieses absurde Ende würde für immer die Fragen in der Schwebe lassen, die seit zehntausend Jahren unsere Sorgen ausmachen. Niemand erführe je, ob der Mensch den Rassenhaß hätte überwinden können, ob er eine Lösung für den Klassenkampf gefunden hätte. Wenn man daran denkt, scheint alles vergeblich. Doch mußte die Menschheit schon eines Tages in den Besitz ihres Todes gebracht werden. Bisher ging sie einem Leben nach, das ihr wer weiß woher zufiel, und hatte nicht einmal die Kraft, ihren eigenen Selbstmord abzulehnen, weil sie nicht über die Mittel verfügte, die ihr ermöglicht hätten, ihn zu begehen. In diese dichte Masse von Lebenden gruben die Kriege trichterförmige kleine Löcher, die sich schnell wieder füllten. Jeder Mensch war in der Masse geborgen, gegen das vorsintflutliche Nichts geschützt durch die Generationen seiner Väter, gegen das zukünftige Nichts durch die seiner Neffen, stets inmitten der Zeit, nie an den Außenpunkten. Doch jetzt sind wir ins Jahr Tausend zurückgekehrt, jeden Morgen werden wir am Vorabend des Endes der Zeiten stehen; am Vorabend des Tages, wo unser Anstand, unser Mut, unser guter Wille für niemand mehr Sinn haben, wo sie gemeinsam mit der Bosheit, dem bösen Willen, der Angst in radikaler Ununterscheidbarkeit versinken werden. Nach dem Tode Gottes verkündet man jetzt den Tod des Menschen. Von jetzt an ist meine Freiheit reiner: weder Gott noch Mensch werden ewige Zeugen der Tat sein, die ich heute begehe. An eben diesem Tage und in der Ewigkeit muß ich mein eigener Zeuge sein. Ihr moralischer Zeuge, weil ich es sein will auf dieser unterhöhlten Erde. Und wenn die gesamte Menschheit weiterlebt, dann nicht einfach deshalb, weil sie geboren ist, sondern weil sie beschlossen haben wird, ihr Leben zu verlängern. Es gibt keine *menschliche Spezies* mehr. Die Gemeinschaft, die sich zur Hüterin der Atombombe gemacht hat, steht über dem Naturreich, denn sie ist für ihr Leben und für ihren Tod verantwortlich: jeden Tag, jede Minute muß sie bereit sein zu leben. Das also empfinden wir heute in der Angst. Aber nein, werden Sie sagen: wir sind ganz einfach einem Verrückten ausgeliefert. Das stimmt nicht: die Atombombe steht nicht dem erstbesten Geistesgestörten zur Verfügung; dieser Verrückte müßte ein Hitler sein, und wie für den ersten wären wir für diesen neuen Führer alle verantwortlich. So ist in dem Augenblick, wo dieser Krieg zu Ende geht, der Kreis geschlossen; in jedem von uns entdeckt die Menschheit ihren möglichen Tod, nimmt sie ihr Leben und ihren Tod an.

Muß man darauf verzichten, diesen Frieden, den gefährlichsten von allen, aufzubauen, weil wir nicht mehr an den Frieden glauben, weil unser Land viel von seiner Macht verloren hat, weil der mögliche Selbstmord der Erde unsere Unternehmungen mit einem subtilen Nichts befleckt? Ganz im Gegenteil. Ich verstehe, billige aber nicht die Gefühle jener jungen Russin, die seit ihrer Kindheit die französische Staatsangehörigkeit hatte und am Tage des Sieges weinte und sagte: «Ich gehöre zu einem kleinen Land! Ich gehöre zu einem kleinen Land; ich möchte zu einem großen Land gehören, das wirklich Sieger ist.» Dabei war sie Russin von Geburt: vielleicht trauerte sie ihrem ursprünglichen Vaterlande nach. Was aber haben wir, die wir in Frankreich geboren sind, zu sagen? Daß es unser Vaterland ist, das bedeutet wenig, vor allem ist es verschwommen. Es ist unsere konkrete Situation, unsere Chance und unser Los: noch immer, mehr denn je findet die Entwicklung der Person in den Rahmen der Nationalitäten statt; der Internationalismus, der ein schöner Traum war, ist nur noch die verbissene Illusion einiger Trotzkisten. Was also vermögen wir? Die französische Gemeinschaft leugnen heißt uns selbst leugnen. Und wenn wir auf das Leben, auf unsere Freunde, auf unsere Person setzen, dann setzen wir auf Frankreich, engagieren wir uns, es in diese rauhe und starke Welt zu integrieren, in diese Menschheit in Todesgefahr. Auch auf die Erde müssen wir setzen, selbst wenn sie eines schönen Tages in Stücke gehen sollte. Ganz einfach, weil wir auf ihr sind. Gott ist tot, die «unantastbaren und heiligen Gesetze» sind tot und begraben, der Krieg ist tot, mit ihm sind die Rechtfertigungen und die Alibis verschwunden, die er schwachen Seelen anbot, die Hoffnungen auf gerechten und sanften Frieden, die er auf dem Grunde der Herzen nährte. «Bisher lebte ich in der Angst», sagte Tristan Bernard, als man ihn verhaften kam. «Jetzt werde ich in der Hoffnung leben.» Am Tage der Kapitulation Japans könnten wir genau das Gegenteil sagen. Wir werden nicht mehr allmorgendlich in den Zeitungen die tröstliche Nachricht von einer kleinen oder großen deutschen Niederlage lesen. Die Tageszeitungen werden uns über das Wiedererwachen des kriegerischen Geistes in Deutschland, über den Bürgerkrieg in China unterrichten, über die diplomatischen Schwierigkeiten, auf die die Drei, die Vier, die Fünf stoßen werden. Aber es muß gesetzt werden. Wenn der Krieg stirbt, läßt er den Menschen nackt, ohne Illusion, seinen eigenen Kräften ausgeliefert, weil er endlich begriffen hat, daß er nur noch auf sich selbst zählen kann. Das ist die einzige frohe Botschaft, die uns neulich nachmittags dieser feierliche spärliche Kanonendonner verkündet hat.

Oktober 1945

Nachwort

Von Hanns Grössel

Einen Tag vor dem Waffenstillstand am 22. Juni 1940, mit dem offiziell der Krieg zwischen Frankreich und Deutschland zu Ende ging, geriet Jean-Paul Sartre – es war sein fünfunddreißigster Geburtstag – in deutsche Kriegsgefangenschaft. Von Padoux in Lothringen wurde er nach Nancy verlegt, blieb dort bis Mitte August und kam dann in das Stalag XII D bei Trier, aus dem er Ende März 1941 entlassen wurde. Seinen anderthalbjährigen Wehrdienst hatte er in den Jahren 1929 und 1930 abgeleistet, und zwar bei der Meteorologie, und während der wenigen Monate der *drôle de guerre* war er nicht in Kampfhandlungen verwickelt worden: Militär und Krieg hatten ihn nicht mit derselben Härte getroffen wie andere Angehörige seiner Generation.

Sartres politische Haltung während der dreißiger Jahre – auch seine Einstellung zu Deutschland – war die eines kritisch Beobachtenden, nicht die eines Handelnden gewesen. Ende 1933, im Jahre der Ernennung Hitlers zum Reichskanzler, war er zu einem mehrmonatigen Studienaufenthalt nach Berlin gereist: er hatte Aufmärsche der SA und der SS gesehen, hatte an Veranstaltungen der Nazis teilgenommen, bei denen über die Mitgliedschaft im Völkerbund «abgestimmt» wurde, und während der Röhm-Affäre einen «Vorgeschmack» davon bekommen, «was die Nazi-Herrschaft werden sollte». Durch Freunde waren ihm außerdem genaue Einzelheiten aus dem Spanischen Bürgerkrieg bekanntgeworden, doch zu konkreter politischer Aktivität mochte er sich nicht verstehen. Zwar hatte ihn mehrmals der Gedanke gestreift, der Kommunistischen Partei Frankreichs beizutreten, aber es hatte nicht erst der Moskauer Säuberungsprozesse bedurft, ihn davon abzubringen.

Diese Zurückhaltung – Sartre beteiligte sich auch nicht an den Wahlen des Jahres 1936 – ist wiederholt kritisiert worden. Sein Schul- und Studienfreund Paul Nizan, selber militanter Kommunist, veröffentlichte 1935 den Roman *Le cheval de Troie* (Das Trojanische Pferd); darin tritt ein Gymnasiallehrer namens Lange auf, der politisch nicht aktiv ist und mit dem die Rechten leichtes Spiel haben. Über ihn heißt es: «Lange war allein mit der Stadt: sein Los war es, mit Städten allein zu sein ... Wenn er an Bücher dachte, die er schreiben könnte, dann stellte er sich ein Buch vor, das einzig die Beziehungen eines Menschen zu einer Stadt beschriebe ..., das von einem einsamen, wirklich einsamen Menschen erzählte, der einer Insel gleicht.»

Es ist schwer, darin nicht eine Anspielung auf Sartre und dessen Roman *Der Ekel* zu sehen, von dem er schon 1934 eine zweite Fassung geschrieben hatte und der ursrünglich «Melancholia» heißen sollte. Und wirklich spiegelt *Der Ekel*, 1938 erschienen, nichts vom zeitgenössischen politischen Geschehen wider. Nur an einer einzigen Stelle des Buches vergegenwärtigt sich Roquentin bei einem nächtlichen Gang durch Bouville, sozusagen ungläubig, die Weltlage: «... Kommunisten und Nazis liefern sich in den Straßen von Berlin Schießereien; Arbeitslose irren in New York herum ...»

Noch 1940, in einem Brief an seine Frau Henriette vom 28. März, wundert sich Nizan darüber, daß Schriftsteller wie Jean-Paul Sartre oder André Chamson unberührt von den Ereignissen des Tages ihre Arbeit fortsetzen können. Die Ursache dafür wird allerdings nicht, wie Nizan meint, der Glaube an die weltweite Bedeutung ihrer Schriften gewesen sein, sondern eher eine Stimmungslage, die Walter Heist 1965, auch in Zusammenhang mit Sartre, auf die Formel einer «Teilparalyse», 1974 auf die einer «präfaschistischen Lethargie» gebracht hat. Fest steht jedenfalls, daß Sartre damals in politischer Hinsicht eher zum Reagieren als zum Agieren neigte, ebenso fest jedoch steht, daß dann – so wiederum Heist – die Erlebnisse des Krieges, der Gefangenschaft und der Résistance ihn endgültig davon überzeugten, daß in der Politik «der Schlüssel zur Zeit – zu ihrem Verständnis wie zu ihrer Bewältigung» liege.

Wie Simone de Beauvoir in ihren Erinnerungen bezeugt, hatte sich Sartre schon während eines kurzen Urlaubs Anfang Februar 1940 «viel mit der Nachkriegszeit» beschäftigt, hatte auf ein Engagement «durch die Tat» gedrängt und sich entschlossen gezeigt, «sich dem politischen Leben nicht mehr fernzuhalten». In einem (nicht abgeschickten) Brief an Brice Parain schrieb er damals unter anderem: «Die Hauptsache ist, zu verhindern, daß die jungen Menschen, die im gleichen Alter in diesen Krieg gezogen sind wie Du in den vorigen, mit einem ‹unglücklichen Bewußtsein› ... daraus hervorgehen. Das kann, glaube ich, nur von denjenigen unter uns Älteren getan werden, die zusammen mit ihnen in diesem Krieg waren.»

Aus dem deutschen Kriegsgefangenenlager kehrte Sartre noch

unternehmender zurück. Die «Starrheit seines Moralismus» brachte Simone de Beauvoir geradezu «aus der Fassung», und am ersten Abend erklärte er ihr, er sei nach Paris zurückgekommen, «um zu handeln». Nachdem er seine Lehrtätigkeit wieder aufgenommen hatte – zuerst am Lycée Pasteur, später, bis 1944, am Lycée Condorcet –, gründete er zusammen mit Maurice Merleau-Ponty die Intellektuellenwiderstandsgruppe *Socialisme et Liberté*. Er versuchte, auch französische Kommunisten dafür zu gewinnen, stieß bei ihnen jedoch auf Ablehnung, ja Feindseligkeit: sie verbreiteten das Gerücht, er sei ein *Agent provocateur*.

Immer noch in der Absicht, einen intellektuellen Widerstand zu organisieren, unternahm Sartre im Sommer dieses Jahres gemeinsam mit Simone de Beauvoir eine Fahrradtour in den unbesetzten Teil Frankreichs; in Grasse traf er mit André Gide, in Saint-Jean-Cap-Ferrat mit André Malraux zusammen – beide freilich winkten ab, Malraux mit der Bemerkung, «die russischen Tanks, die amerikanischen Flugzeuge» müßten den Krieg gewinnen. Von solchen Rückschlägen enttäuscht, löste Sartre *Socialisme et Liberté* auf und zog sich für kurze Zeit ganz auf die Arbeit an dem Drama *Die Fliegen* zurück, das im April 1943 als Buch herauskam und im Juni uraufgeführt wurde. Doch im selben Jahr noch schloß er sich dem *Comité National des Écrivains* (C.N.E.) und dem *Comité National du Théâtre* (C.N.Th.) an – beides der Résistance nahestehende Gruppierungen; er schrieb für die illegal erscheinenden *Lettres françaises*, worin er auch *Die Republik des Schweigens* veröffentlichen sollte, und zählte zu den Mitarbeitern des von Albert Camus gegründeten Widerstandsblattes *Combat*.

Die Fliegen zu schreiben, mithin als Schriftsteller zu arbeiten sei die einzige ihm mögliche Form des Widerstandes gewesen, meint Simone de Beauvoir, und das stimmt insoweit, als Sartre am Widerstandskampf im handgreiflichen Sinne nicht beteiligt war; er habe «nur einige Koffer getragen», hat er 1969 in einem Interview geäußert. Desto größer war seine Bewunderung für die aktiven Widerstandskämpfer, die für ihn eine «Elite», ja einen «Mythos» (einen Heldenmythos) darstellten. Doch war das nicht bloß die Bewunderung des Intellektuellen für die Männer der Tat. In seinen Artikeln, Aufsätzen und Reportagen aus den Jahren 1944 und 1945 beschreibt und analysiert er Besatzungszeit, Kollaboration und Résistance aus mehreren Perspektiven.

Die eine ist die nationale, die Feindperspektive. Hinter ihr tritt die ideologische zurück, das heißt: Sartre sieht in den deutschen

Besatzern nicht so sehr die Vertreter eines faschistischen Regimes wie die Sieger und fremden Machthaber, die eine nationale, eben die französische Identität bedrohen. Das fügt sich zu der allgemeinen Feststellung von Walter Heist, wonach die Résistance «weit mehr den Aspekt einer nationalen Befreiungsbewegung als einer antifaschistischen Aktion» hat. Sartre wäre aber nicht der existentialistische Denker gewesen, zu dem er sich damals gerade entwikkelte, hätte ihn nicht die konkrete Befindlichkeit der Besetzten, unter der Besatzung Lebenden interessiert. Die «Realität der Situation des Menschen inmitten der Dinge» habe er in diesen Jahren allmählich entdeckt, so hat er später gesagt, «das ‹In-der-Welt-sein›».

Seine Betrachtungsweise, die solchermaßen an der konkreten Situation ausgerichtet ist, macht Sartre zum weder heroisierenden noch minimisierenden Schilderer des Alltags während der Besatzungszeit – auch dort, wo er (wie im Titelaufsatz dieses Bandes) die damaligen Verhältnisse einem nichtfranzösischen Publikum, nämlich den ehemals kriegsverbündeten Engländern, zu erklären versucht. « ... *wir haben gelebt* ...» – dieses Zitat umschließt alles, was auch für die Franzosen, insbesondere für die Pariser, an Unsicherheiten und Anfechtungen in der Situation lag. Und Sartre ist Soziologe genug, selbst das Auftreten kollaborierender Elemente für eine «*normale* Erscheinung» zu erklären («wie die Selbstmord- oder die Kriminalitätsrate»).

Das widerspricht nicht der rigide ablehnenden Haltung, die er später, nach der Befreiung, einnahm, wenn es darum ging, Gnadenersuche zugunsten intellektueller Kollaborateure zu unterschreiben (etwa im Falle Lucien Rebatets). Sartre scheidet streng zwischen Analyse und moralischer Konsequenz, und so wie nach ihm der Antisemitismus «nicht zu jener Art von Gedanken» gehört, «die vom Recht der Gedankenfreiheit geschützt werden müssen», so hat er auch in unmißverständlicher Weise erklärt, daß für das Propagieren antidemokratischer Gedanken «restriktive Gesetze» gemacht werden müßten, daß es «keine Freiheit gegen die Freiheit» geben dürfe.

Wenn es in Sartres Texten über die Besatzungszeit einen durchgehenden Zug, so etwas wie ein Leitmotiv gibt, dann ist es sein humanistisch-existentialistischer Freiheitsbegriff, sein Freiheitspathos. «Niemals waren wir freier als unter der deutschen Besatzung», schreibt er rückblickend 1944. Denn nach Sartre gerät der Mensch in der äußersten Bedrohung auch «an die äußersten Grenzen des Menschseins» und gewinnt die volle Erfahrung, das volle Bewußtsein seiner selbst. Dafür steht mehr als einmal der gefangene, womöglich gefolterte Widerstandskämpfer, der die «totale Verantwortung in der totalen Einsamkeit» empfindet. Und so auch ist Sartres Satz über das Fest der Befreiung von Paris zu verstehen, daß nämlich damals «der Mensch und seine Kräfte» gefeiert worden seien.

Weitaus wichtiger freilich als das, was er somit an Bestätigung für seine persönliche Philosophie gewinnt, ist die Hoffnung für die Zukunft, die er daraus schöpft: Hoffnung auf einen Neubeginn für Frankreich und, nach dem Ende des Zweiten Weltkriegs, auch für die übrigen Länder, die darein verwickelt waren. Denn wenn der Krieg stirbt, schreibt Sartre, «läßt er den Menschen nackt, ohne Illusion, seinen eigenen Kräften ausgeliefert». Der Abwurf der ersten Atombomben hat solche Hoffnungen sogleich wieder geschmälert. Doch ist Sartres Appell an die Verantwortung des Menschen für sich und seine Welt dadurch nur desto dringlicher geworden – und heute noch dringlicher als in den vierziger Jahren, wo er diese Texte geschrieben hat.

Quellennachweis

Un promeneur dans Paris insurgé (Ein Spaziergänger im aufständischen Paris) in: *Combat* vom 28. August (I), 29. August (II), 30. August (III), 31. August (IV), 1. September (V), 2. September (VI) und 4. September (VII) 1944. Deutsch von Hanns Grössel. *Erstübersetzung.*

La république du silence (Die Republik des Schweigens) in: *Les Lettres françaises* Nr. 20 vom 9. September 1944. Wiederabgedruckt in: Jean-Paul Sartre, *Situations, III*, Gallimard, Paris 1949. In leicht gekürzter Fassung erstmals deutsch von Linde Birk in: *Sartre. Ein Film*, Rowohlt Verlag, Reinbek 1978. Durchgesehen und ergänzt von Hanns Grössel.

Paris sous l'occupation (Paris unter der Besatzung) in: *La France libre* (London) Nr. 49 vom 15. November 1944. Wiederabgedruckt in: Jean-Paul Sartre, *Situations, III*, Gallimard, Paris 1949. Erstmals deutsch von Ursula Kröger unter dem Titel «Die Pariser und die Deutschen. Erinnerungen an die Tage der Besatzung» in: *Die Zeit* vom 22. April (I) und 29. April (II) 1966. Deutsch von Hanns Grössel. *Neuübersetzung.*

La libération de Paris: Une semaine d'apocalypse (Die Befreiung von Paris: Eine Woche der Apokalypse) in *Clartés* Nr. 9 vom 24. August 1945. Wiederabgedruckt in: Michel Contat/Michel Rybalka, *Les écrits de Sartre*, Gallimard, Paris 1970. Deutsch von Hanns Grössel. *Erstübersetzung.*

Qu'est-ce qu'un collaborateur? (Was ist ein Kollaborateur?) in: *La République française* (New York) 2. Jg., Nr. 8 (August 1945) und Nr. 9 (September 1945). Wiederabgedruckt in: Jean-Paul Sartre, *Situations, III*, Gallimard, Paris 1949. Deutsch von Hanns Grössel. *Erstübersetzung.*

La fin de la guerre (Das Ende des Krieges) in: *Les Temps Modernes* Nr. 1 (Oktober 1945). Wiederabgedruckt in: Jean-Paul Sartre, *Situations, III*, Gallimard, Paris 1949. Deutsch von Hanns Grössel. *Erstübersetzung.*

Register

Abetz, Otto (1903–1958); deutscher Politiker. Knüpfte bereits in den dreißiger Jahren Verbindungen zu germanophilen Kreisen Frankreichs. Mitglied des *Comité France Allemagne*; 1938 Ausweisung. 1940 Rückkehr nach Frankreich als Botschafter. Schlüsselfigur der deutsch-französischen Kollaboration.

L'Action française: Name einer Tageszeitung und einer politischen Bewegung rechtsextremistischer, royalistischer und antisemitischer Ausrichtung. 1908 entstanden und von Charles Maurras, Jacques Bainville und Léon Daudet inspiriert. Die Verkäufer der Zeitung, die *Camelots du roi*, waren eine rechtsextremistische Schlägertruppe. Die *Action française* darf als geistige Heimat großer Teile der französischen Intellektuellen zwischen den beiden Weltkriegen gelten (so von Georges Bernanos, Robert Brasillach und Lucien Rebatet). Als vichyfreundlich wurde sie nach der Befreiung verboten.

Avenue Foch (Sechzehntes Arrondissement): während der Besatzungszeit Sitz der Gestapo.

Béraud, Henri (1885–1958); Journalist und Schriftsteller. 1922 Träger des Goncourtpreises. Leitartikler des rechtsgerichteten Blattes *Gringoire*; Verfasser von antidemokratischen Pamphleten. Nach der Befreiung zum Tode, später zu Zwangsarbeit verurteilt.

Bonnard, Abel (1883–1968); Journalist und Schriftsteller. Befürworter einer Politik der Kollaboration, 1942–1944 Minister für Erziehung. Flucht nach Deutschland, dann nach Spanien. 1944 aus der *Académie française* ausgeschlossen. Zunächst in Abwesenheit zum Tode, später zu zehn Jahren Verbannung verurteilt.

Brasillach, Robert (1909–1945); Journalist und Schriftsteller. Betreute das Feuilleton der *Action française*. Anhänger einer rechtsextremistischen und zum Faschismus tendierenden Politik; 1938 Chefredakteur der profaschistischen Zeitschrift *Je Suis Partout*. Brasillach trat für eine Orientierung Frankreichs am Vorbild des

Dritten Reiches ein. Befürwortete während der Besatzungszeit eine deutsch-französische Verständigung im kulturellen und politischen Bereich. Nach der Befreiung zum Tode verurteilt und im Februar 1945 hingerichtet.

Cagoulards (cagoule: «Kapuze», «Kutte»); Name für die Mitglieder der sogenannten *Cagoule*, einer rechtsextremistischen Vereinigung der dreißiger Jahre. Ihr wirklicher Name war *Comité Secret d'Action Révolutionnaire* (C.S.A.R.). Ihre wichtigste Figur war E. Deloncle. Vor allem ab 1935 wurde sie durch eine Reihe rechtsradikaler Terrorakte bekannt (beispielsweise durch die Ermordung der Brüder Roselli, zweier italienischer Antifaschisten).

Châteaubriant, Alphonse de (1877–1951); Schriftsteller und Journalist. 1911 Träger des Goncourtpreises und 1923 Träger des *Grand Prix du Roman de l'Académie française.* 1935 längerer Deutschlandaufenthalt; Annäherung an die Ideologie des Faschismus. Während der Besatzungszeit Herausgeber der profaschistischen Zeitschrift *La Gerbe*; von 1940 bis 1944 leitende Funktion in der Gruppe *Collaboration.* 1944 nach Sigmaringen, dann nach Österreich, wo er 1951 starb.

Choltitz, Dietrich von (1894–1966); seit dem 9. 8. 1944 Militärgouverneur von Paris; leitete eigenmächtig die Kapitulation ein, ohne den Befehl zu befolgen, Gebäude und Brücken von Paris der Zerstörung preiszugeben.

Darnand, Joseph (1897–1945); Politiker. Mitglied der *Action française*, die er 1928 verließ. Schloß sich der antidemokratischen Vereinigung von Weltkriegsveteranen *Croix de Feu* des Colonel La Roque an, später dem *Parti Populaire Français*, schließlich der *Cagoule.* Nach 1940 Befürworter der Kollaboration. Begründer der französischen Miliz, die zur Bekämpfung der Résistance eingesetzt wurde. Mitglied des Direktionskomitees der *Légion des Volontaires Français* (L.V.F.), die gemeinsam mit den Deutschen den «Bolschewismus» bekämpfen wollte; Offizier der Waffen-SS. Ende 1943 zum *«Generalsekretär zur Aufrechterhaltung der Ordnung»*, im Mai 1944 zum Staatssekretär im Innenministerium ernannt. Exil in Sigmaringen, dann Flucht nach Italien, wo er festgenommen wurde. Zum Tode verurteilt und im Oktober 1945 hingerichtet.

Déat, Marcel (1894–1955); Politiker und Journalist (Mitarbeit vor allem an *L'Œuvre).* Zunächst sozialistischer Abgeordneter, dann Gründer des reformistischen *Parti Socialiste de France* (1933). Vertreter einer kompromißbereiten Haltung dem Dritten Reich gegenüber; berühmt wurde sein Artikel *Mourir pour Dantzig.* Gründete 1941 zusammen mit Laval den *Rassemblement National Populaire* (R.N.P.), konzipiert als *«Faschistische Linksfront»* und in Opposition zum als reaktionär betrachteten Vichy-Regime ferner als faschistische Einheitsbewegung; sie rief zum europäischen Kreuzzug gegen den «Bolschewismus» auf. 1944 Flucht nach Deutschland, dann nach Italien.

Doriot, Jacques (1898–1945); Politiker. Zunächst Kommunist, Bürgermeister von Saint-Denis; 1934 aus der Kommunistischen Partei Frankreichs ausgeschlossen. Annäherung an faschistische Positionen. Gründete 1936 den *Parti Populaire Français* (P.P.F.) und die Zeitschrift *La Liberté,* die eine entschiedene Antivolksfrontpolitik betrieb. Befürworter der Kollaboration; die Gründung der *Légion des Volontaires Francaiş* (L.V.F.) geht auf Doriot zurück. Er kämpfte selber auf deutscher Seite an der Ostfront und kam 1945 bei einem Tieffliegerangriff auf der Insel Mainau ums Leben.

Drieu La Rochelle, Pierre (1893–1945); Schriftsteller. Faschistoide Tendenzen lassen sich schon in seinen Gedichten aus dem Ersten Weltkrieg ausmachen, der für ihn zum Schlüsselerlebnis wurde. Während der Besatzungszeit übernahm er die Leitung der *Nouvelle Revue Française* und versuchte, einen genuinen «französischen Faschismus» zu entwickeln. Im April 1945 nahm er sich in Paris das Leben.

Fernandez, Ramon (1894–1944); Schriftsteller und Literaturkritiker. Stand dem P.P.F. nahe. Im Gegensatz zu vielen anderen französischen Autoren schrieb er auch dann noch für die *Nouvelle Revue Française,* als sie von Drieu La Rochelle geleitet wurde.

Forces Françaises de l'Intérieur (F.F.I.), die am 1. Februar 1944 vereinigten Streitkräfte der Résistance. Sie unterstanden dem Befehl von General Koenig (London).

Je Suis Partout: profaschistische Wochenzeitung, 1930 gegründet;

Chefredakteur: Pierre Gaxotte. 1931 wurde die Redaktion um die ehemaligen Mitarbeiter des Rechtsblattes *Candide* erweitert. Als der Verleger angesichts der erstarkenden Volksfront die Zeitung einstellen wollte, gaben die Redakteure sie im Selbstverlag – bei niedrigeren Gehältern – weiter heraus. *Je Suis Partout* engagierte sich während des Spanischen Bürgerkriegs für Franco, veröffentlichte 1938 eine Sondernummer zur «Judenfrage» und führte 1939 eine vehemente Kampagne gegen den Krieg, den es als Unternehmen der Juden und der Antifaschisten ablehnte. Nach der Niederlage von 1940 erschien *Je Suis Partout* erst am 7. 2. 1941 wieder und entwickelte sich rasch zum weitverbreiteten Organ der französischen Faschisten (Auflage 1943: 300000 Exemplare). Chefredakteur von 1941 bis zu einer redaktionsinternen Krise im Jahre 1943 war wieder Robert Brasillach.

Laubreaux, Alain (1898–1968); seit 1936 Theaterkritiker von *Je Suis Partout*. Mitarbeit an *Le Cri du Peuple* und *Le Petit Parisien*. 1944 Flucht nach Deutschland, später nach Spanien. 1947 in Abwesenheit zum Tode verurteilt.

Laval, Pierre (1883–1945); Politiker. Zunächst sozialistischer Abgeordneter, während der dreißiger Jahre mehrmals Minister. Im Januar 1936 demissionierte er; 1940 kehrte er mit Pétain an die Macht zurück. Befürworter einer Politik der Kollaboration. 1942 wurde er zum wichtigsten und mächtigsten Mann des Vichy-Regimes. 1944 nach Sigmaringen. Floh erst nach Österreich, dann nach Spanien und wieder nach Österreich, wo er von den Amerikanern festgenommen und den Franzosen ausgeliefert wurde. Im Oktober 1945 erschossen.

Luchaire, Jean (1901–1946); Journalist. Seit 1930 mit Otto Abetz befreundet. Organisation und Unterstützung der deutsch-französischen Jugendtreffen in den Jahren 1931, 1932 und 1933. Gründer der Monatszeitschrift *Notre Temps* (1927), die pazifistische Positionen vertrat; Kontakte zu Aristide Briand. Seit 1940 Verbindung zu Laval. Gründete 1940 die Zeitschrift *Les Nouveaux Temps*; zentrale Figur der französischen Presse während der vierziger Jahre. Luchaire vertrat eine sogenannte *«ultra-kollaborationistische Politik»*; 1944 unterzeichnete er einen Aufruf an die deutschen Besatzer, die französische Résistance gnadenlos zu bekämpfen. In Sigmaringen wurde er *Commissaire à l'Information dans la Com-*

mission gouvernementale. Flucht nach Italien, in Meran verhaftet. In Paris zum Tode verurteilt und im Februar 1946 hingerichtet.

Marquet, Adrien (1884–1958[?]); Abgeordneter der Deputiertenkammer und Führer der neosozialistischen Gruppe. 1933 trat Marquet, der zum rechten Flügel der S.F.I.O. gehörte, aus dem *Parti Socialiste* aus. Annäherung an faschistische Positionen, Befürworter des Waffenstillstands. Freund Marcel Déats, Gefolgsmann Lavals. Unter Pétain Staats- und Innenminister, später Bürgermeister von Bordeaux.

Maulnier, Jacques Louis Talagrand, genannt Thierry (geboren 1909); Journalist und Schriftsteller. Freund Robert Brasillachs, ab 1930 Mitarbeit an der *Action française*; während der Besatzungszeit Bruch mit den Freunden aus diesem Kreise. Seit 1964 Mitglied der *Académie française.*

Maurras, Charles (1868–1952); Schriftsteller und Figur des politischen Lebens. Zunächst beeinflußt von Maurice Barrès, Ernest Renan und Anatole France. Vertreter einer klassizistischen Ästhetik, die sich bei ihm eng mit antiromantischen und antidemokratischen Impulsen verband. Mitbegründer der *Action française.* Zur Zeit des Vichy-Regimes wuchs sein Einfluß, da Pétain ein erklärter Maurras-Anhänger war. Nach der Befreiung zu einer längeren Zuchthausstrafe verurteilt, kurz vor seinem Tode begnadigt. 1945 aus der *Académie française* ausgeschlossen.

Pétain, Philippe (1856–1951); Marschall und Politiker. Entscheidende Rolle im Ersten Weltkrieg (Verdun; brutale Niederschlagung der Armeemeutereien im Jahre 1917). Nach dem 6. 2. 1934 Kriegsminister; 1939 französischer Botschafter in Spanien. 1940 Vizepräsident des Staatsrats, zu dessen Präsidenten er in der Nacht vom 16. auf den 17. Juni gewählt wurde. Pétain war Befürworter des Waffenstillstands. Am 1. 7. 1940 verlegte er den Sitz der französischen Regierung nach Vichy; am 10. 7. wurde ihm von der Nationalversammlung die Regierungsvollmacht übertragen. Dank einer Verfassungsänderung wurde er zum *Chef* des sogenannten *État français,* eines autoritär strukturierten und antirepublikanischen Staatsgebildes (Devise: *Travail-Famille-Patrie*). Sein Ziel war es, eine relative Autonomie Frankreichs zu wahren und durch seine Kollaborationsbereitschaft «das Schlimmste zu verhüten».

Nachdem im November 1942 auch die sogenannte *Zone libre* von deutschen Truppen besetzt worden war, schrumpfte sein Handlungsspielraum zunehmend ein. 1944 Zwangsexil in Sigmaringen. Nach der Befreiung zunächst zum Tode, dann zu lebenslänglicher Haft verurteilt. 1945 aus der *Académie française* ausgeschlossen.

P.P.F.: siehe unter Doriot

Rue des Saussaies (Achtes Arrondissement): Sitz des französischen Innenministeriums. Während der Besatzungszeit befanden sich dort auch der *Service des Sociétés secrètes* (S.S.S.) sowie der *Service des Questions Juives* (S.Q.J.). In der rue des Saussaies fanden Verhöre und Folterungen durch die Gestapo statt.

S.F.I.O.: *Section Française de l'Internationale Ouvrière = Parti Socialiste Français.*

Für die Angaben zu diesem Register danke ich Margarete Zimmermann, Münster. Hanns Grössel

Zur neuen Taschenbuchedition Jean-Paul Sartre, Gesammelte Werke in Einzelausgaben im Rowohlt Taschenbuch Verlag

Jean-Paul Sartre hat den Editionsplan zu dieser Neuausgabe seiner Werke im Rowohlt Taschenbuch Verlag ausdrücklich gebilligt und begrüßt.

Zum erstenmal werden Sartres Werke nach Gatttungen und Sachgebieten in Gruppen gegliedert und chronologisch angeordnet. Dadurch werden Bezüge, Zusammenhänge und Entwicklungen deutlich, die bisher nicht sichtbar waren.

Jede dieser Gruppen enthält zahlreiche Texte, die noch nicht auf deutsch erschienen oder nur in schwer zugänglichen Zeitschriften publiziert worden sind. Einige der erstmals auf deutsch vorgelegten Texte sind auch im Original nur noch in Bibliotheken aufzufinden, weil sie niemals in eine französische Buchausgabe übernommen wurden. Alle bereits vorliegenden Übersetzungen der Werke Sartres werden durchgesehen und ergänzt. Dadurch wird es zum erstenmal möglich, Sartres Sprache im Deutschen nach einheitlichen Prinzipien wiederzugeben.

Durch Nachworte kompetenter Wissenschaftler oder Literaturkritiker werden die Texte in ihren geschichtlichen Zusammenhang eingeordnet und zugleich in die gegenwärtige Diskussion eingeführt. Außerdem enthalten die einzelnen Bände Register, Quellennachweise und bibliographische Hinweise.

Romane und Erzählungen: Sartre hatte auf Wunsch seines französischen Verlegers an seinem Roman *Der Ekel* Streichungen vornehmen müssen. Der Rowohlt Verlag legt eine nach der in Paris wiederhergestellten Urfassung angefertigte Neuübersetzung dieses Schlüsselwerks der modernen Literatur vor. Außerdem erscheint zum erstenmal das große Fragment des vierten Bandes der Tetralogie *Die Wege der Freiheit* in deutscher Übersetzung: *Die letzte Chance*. Dazu kommt eine Reihe *unveröffentlichter Jugenderzählungen*.

Theaterstücke und Drehbücher: Auch bei den Theaterstücken werden alle in späteren Bühnenfassungen ausgelassenen Passagen wieder aufgenommen. So erhält zum Beispiel das Stück *Nekrassow* ein zusätzliches Bild. Zum erstenmal wird Sartres kritisches Weihnachtsspiel vorgelegt, das er 1940 in deutscher Kriegsgefangenschaft für seine Kameraden geschrieben und aufgeführt hat: *Bariona oder Der Sohn des Donners.* Jedem Theaterstück wird ein erläuternder Text Sartres über Anlaß und Bedeutung des jeweiligen Werkes beigegeben. Die Publikation seiner Drehbücher wird zum erstenmal um *Die falschen Nasen, Die Hexen von Salem* und das Szenario zu dem Film *Freud* ergänzt, das er für John Huston schrieb und das dann nicht verfilmt wurde.

Philosophische Schriften: Das Kernstück dieser Gruppe ist die schon lange verlangte Neuübersetzung von *Das Sein und das Nichts.* Dazu kommen eine Reihe nicht übersetzter philosophischer Schriften und die Fragmente der *Moral* und des zweiten Teils der *Kritik der dialektischen Vernunft.* Die Durchsicht der alten Übersetzungen ermöglicht zum erstenmal die Schaffung einer einheitlichen philosophischen Terminologie.

Schriften zur Literatur: In dieser Gruppe erscheint endlich die lang erwartete Übersetzung der Genet-Studie *Sankt Genet, Komödiant und Märtyrer.* Dazu kommen wieder zahlreiche noch nicht übersetzte Essays, Vorworte und Interviews, die Sartre als einen der wichtigsten philosophischen Literaturtheoretiker und -kritiker ausweisen. Kernstück dieser Gruppe ist die fünfbändige Flaubert-Studie *Der Idiot der Familie.*

Schriften zu Theater und Film: Unter dem Titel *Mythos und Realität des Theaters* sind zum erstenmal alle Arbeiten Sartres zum Theater und Film publiziert. Ein Beitrag zu diesem Band ist die auch in Frankreich bisher nicht wieder veröffentlichte *Hollywood-Reportage* von 1945. Der Band zeigt Sartres intensive Auseinandersetzung mit dem traditionellen psychologischen Theater, mit dem Action-Theater von Antonin Artaud, dem absurden Theater von Ionesco, Adamov und Beckett, dem epischen Theater Brechts, dem modernen Happening und dem religiösen Theater der Karibik.

Schriften zur bildenden Kunst und Musik: In dieser Gruppe werden zum erstenmal die Fragmente von Sartres aufgegebener Studie über *Tintoretto* veröffentlicht. Dazu kommen teils publizierte, teils unpublizierte Aufsätze und Katalogtexte zu Alexander Calder, David Hare, Alberto Giacometti, André Masson, Robert Lapoujade, Wols, Paul Rebeyrolle und zu dem Komponisten René Leibowitz.

Politische Schriften: Sartres politisches Engagement umfaßt vier große Bereiche: seinen Widerstand gegen den Nationalsozialismus, seinen Kampf um die Erhaltung des Friedens während der Periode des Kalten Krieges, seinen Kampf gegen Kolonialismus und Neokolonialismus und seine aktive Parteinahme für die undogmatische Linke nach dem Mai 1968. Diese Gruppe soll zum erstenmal Sartres politische Entwicklung in ihrer Kontinuität durch alle Widersprüche hindurch Schritt für Schritt dokumentieren.

Autobiographische Schriften: Diese Gruppe folgt als einzige nicht der Chronologie der Erstpublikation der einzelnen Arbeiten, sondern der Biographie Sartres. So steht das erst 1964 erschienene Bekenntnisbuch über die Kindheit, *Die Wörter*, als Band 1 an erster Stelle. Ihm folgt mit *Sartre über Sartre* eine Sammlung von Aufsätzen und Interviews, die Sartres weiteren Werdegang belegen. Am Schluß steht das Drehbuch des Film-Interviews mit Sartre, das Alexandre Astruc und Michel Contat realisiert haben.

Reisen: In dieser Gruppe erscheinen teils veröffentlichte, teils unveröffentlichte Reiseberichte von Sartres wichtigsten Reisen in die Vereinigten Staaten, nach Skandinavien, nach Italien – über das er ein Buch schreiben wollte –, in die Sowjetunion, nach China und nach Kuba.

Traugott König

Jean-Paul Sartre
Gesammelte Werke in Einzelausgaben

In Zusammenarbeit mit dem Autor und Arlette Elkaïm-Sartre
begründet von Traugott König,
herausgegeben von Vincent von Wroblewsky

Romane und Erzählungen

Band 1: Der Ekel. Roman (Gebunden und als rororo 581)
Band 2: Die Kindheit eines Chefs. Gesammelte Erzählungen (Gebunden und als rororo 5517)
Band 3: Zeit der Reife. Die Wege der Freiheit 1. Roman (rororo 5813)
Band 4: Der Aufschub. Die Wege der Freiheit 2. Roman (rororo 5935)
Band 5: Der Pfahl im Fleische. Die Wege der Freiheit 3. Roman (rororo 12270)
Band 6: Die letzte Chance. Die Wege der Freiheit 4. Romanfragment (rororo 5692)

Theaterstücke

Band 1/2: Bariona oder Der Sohn des Donners. Ein Weihnachtsspiel – Die Fliegen (rororo 12942)
Band 3: Geschlossene Gesellschaft (rororo 5769)
Band 4: Tote ohne Begräbnis (rororo 12487)
Band 5: Die respektvolle Dirne (rororo 5838)
Band 6: Die schmutzigen Hände (rororo 12485)
Band 7: Der Teufel und der liebe Gott (rororo 12951)
Band 8: Kean (rororo 13260)
Band 9: Nekrassow
Band 10: Die Eingeschlossenen von Altona (rororo 12525)
Band 11: Die Troerinnen des Euripides (rororo 13759)

Drehbücher

Band 1: Das Spiel ist aus (rororo 59)
Band 2: Im Räderwerk (rororo 12207)
Band 3: Freud. Das Drehbuch (Gebunden und als rororo 13607)

Philosophische Schriften

Band 1: Die Transzendenz des Ego. Philosophische Essays 1931 bis 1939 (Gebunden)
Band 2: Das Imaginäre. Phänomenologische Psychologie der Einbildungskraft (Gebunden)
Band 3: Das Sein und das Nichts. Versuch einer phänomenologischen Ontologie (Gebunden und als rororo 13316)
Band 4: Bewußtsein und Erkenntnis. Philosophische Essays 1943–1950 (in Vorbereitung). Daraus zur Zeit lieferbar: Bewußtsein und Selbsterkenntnis, rororo 1649)
Band 5: Marxismus und Existentialismus. Versuch einer Methodik (rde 196)
Band 6: Kritik der dialektischen Vernunft 1. Theorie der gesellschaftlichen Praxis (Gebunden)
Band 7: Determination und Freiheit. Philosophische Essays 1961–1969 (in Vorbereitung)
Band 8: Aufzeichnungen zu einer Moral. Aus dem Nachlaß (in Vorbereitung)
Band 9: Kritik der dialektischen Vernunft 2. Die Intelligibilität der Geschichte. Aus dem Nachlaß (in Vorbereitung)
Band 10: Wahrheit und Existenz (Gebunden)

Schriften zur Literatur

Band 1: Der Mensch und die Dinge. Aufsätze zur Literatur 1938–1946 (rororo 4260)
Band 2: Baudelaire. Ein Essay (rororo 4225)
Band 3: Was ist Literatur? (rororo 4779)